Kay Ganahl: Eugalla

Eugalla

Stück

von

Kay Ganahl

Norderstedt 2010

ISBN 9783839113783

Bibliografische Information der Deutschen Nationalbibliothek
Die Deutsche Nationalbibliothek verzeichnet diese Publikation
in der Deutschen Nationalbibliografie; detaillierte
bibliografische Daten sind im Internet über http://dnb.d-nb.de
abrufbar

Originalausgabe

Gestaltung: Kay Ganahl

Cover: BoD

Herstellung und Verlag:
Books on Demand GmbH, Norderstedt

Printed in Germany

Inhalt

Vorbemerkung

Eugalla. Der Titel des Theaterstücks steht für das Land **Eugalla**, in dem wir später einmal leben könnten. Es handelt sich dabei um eine auf die Bühne gesetzte Fiktion einer möglichen Zukunft Mitteleuropas, die als staatliche, gesellschaftliche und wirtschaftliche Einheit **Eugalla** genannt wird. **Eugallas** Negativ-Zukunft ist eine der möglichen Resultanten der Entwicklungslinien in der mitteleuropäischen Gegenwart mit ihren politischen u. a. Vereinigungs- und Vereinheitlichungstendenzen auf der Ebene der Europäischen Union. Insofern ist das dramatische Werk **Eugalla** sehr politisch. Ein solches Werk entsteht auf der Grundlage einer oder mehrerer Ideen, die ein blühendes Wachstum ermöglichen, das zu einem kreativen Zustand führen soll, der den Verfasser feststellen lassen kann: Es ist ein Theaterstück entstanden. Und dies ist hier der Fall. Als ich mich vor Jahren dazu entschloss, dieses Theaterstück zu verfassen, wusste ich natürlich nicht genau, wie sich die Arbeit daran entwickeln würde. Zugegeben, an sich war und ist dieser Stoff der Negativ-Zukunft als **Eugalla** weder wirklich originell noch interessiert er, sehr wahrscheinlich, die Masse der Leserschaft, aber ich war zur Durchführung der kreativen Bearbeitung des dramatischen Stoffes entschlossen, weil alles Denken an Zukünftiges für uns als Menschen der Gegenwart von größter Bedeutung ist.

Wir kennen das Europa, in dem wir leben, - es sind individuelle Einflussmöglichkeiten zur Gestaltung von Staat, Gesellschaft und Wirtschaft immerhin gegeben. **Eugalla** im

Theaterstück hat etwas Bedrückendes und insgesamt Negatives, das wir, jedenfalls ich, so nicht erleben wollen. Insofern ist dieses Theaterstück dystopisch.

Im Grunde ist kein kreativer und kritischer Gedanke an das, was kommen könnte, also alles Zukünftige, überflüssig. Er sollte gedacht werden; aus einem, aus vielen solcher Gedanken können auch dramatische Schöpfungen erwachsen, die sowohl Hoffnungen als auch Befürchtungen bei Menschen aufkommen lassen. Überzeugend ist ein dramatisches Werk in der letzten Formgebung der Zukunft als Stoff, dass Fragen aufwirft, die unsere Gegenwart kritisch beleuchten! Und es ist ja ein dramatisches Werk entstanden, welches aus unserer Zeit heraus entstanden ist, kreativ die Zeitgenossenschaft des Heute im Auge behält, dabei aber den Menschen in der möglichen Zukunft **Eugallas** entwirft. Und es ist so, dass die realistische Denkweise im dramatischen Werk das Fiktive in **Eugallas** Zukunft ermöglicht. Doch – und das ist wichtig! - alles real Zukünftige ist stets auch in Ungewissheit getränkt. Das ist sehr interessant, weil Ungewissheit unbekannte Chancen und Risiken in sich birgt. Was wird kommen, was gehen? Nur zu gern sehen wir die sich real vor uns bewegende Zukunft – alles sich momentan Ereignende als Schon-Zukünftiges – als eine lineare Aufwärts-Entwicklung zum Positiven hin. Insofern ist **Eugalla** die Forderung an den Verfasser und die später mit ihm befassten Kreativen, im Theaterstück ganz konkret zu werden, mithin realistisch, denn jede, auch die wissenschaftliche Prognose als eine Art der Vorhersage des Zukünftigen kann genau das nicht leisten. Konkretes ist wahrhaftig bloß in der Fiktion möglich, hier in einem Theaterstück.   K. G.

1.

In der Jahreszeit Herbst.

Fünfzig Papierkörbe, verteilt auf drei kleinen runden Bühnen, die sich, im Dreieck zueinander angeordnet, gleichzeitig drehen.

Es zieht ein Unwetter auf, welches durch ein lautes Grollen angekündigt wird.

Äußerst unklar ist die Atmosphäre, welche in Bodennebel und Lichtergewirr aufgehen muss. Wie bei Richard Wagner. Germanisch.

Stehen zwei am Beckenrand eines künstlichen Teiches. Dieser ist auf der linken hinteren, sich drehenden Bühne. - die anderen drehen sich auch, sind aber leer. Dreiecksspitze nach vorne hin, - Publikum, gesetzt.

-   -

GILBERTUS UND RELLI

Gilbertus Nichts da. Geschenkt ist geschenkt. Ich will diesen Menschen nicht von Dir zurückkaufen, - er ist mir unsympathisch geworden, eigentlich hat er in meinem Wohnzimmer keinen Zweck zu erfüllen, würde ... rumstehen. Ignorierte ihn ja auch. Ignorierte ihn. Auch. Auch!

Relli Warum denn. Ah. ... Du hast es gesagt. Gesagtes beschwert mich zunehmend in dieser Zeit des Umbruchs, ... der Zeit. Ich muss mich kratzen. **(kratzt sich sehr intensiv an seinen Füßen)**

Gilbertus Die Germanen kommen. Sie würden ihn kaufen, wenn ich mich nicht dumm gebe. Ich bin es zwar nur, ... ich ... aber ich könnte mich ja verstellen. Darin habe ich Übung. Oder ...?

(Relli wendet sich fragenden Gesichts an Gilbertus)

Relli Denen werden wir es zeigen! Habe gehört von ihnen. Die kommen mit Knie-Knie-Schonern. Sie kennen sich aus in dem Land Eugalla. Sie lieben es, dieses Eugalla, wie ich hörte.

Gilbertus Verteidigen wir den Kontinent, auf dem wir stehen. Eugalla ist unser, noch immer, schreie mit! Jetzt ... !!! **(packt einen großen und schweren Koffer aus: Konservenbüchse mit Linseneintopf, kleine Mülleimer aus Plastik, allerlei Plastikgeschirr)**

PAUSE

Dann: Sie stechen gleich in See.

Relli Wo soll diese See liegen?

Gilbertus Ich habe mich noch nicht darüber informiert.

Relli Scheiße.

Gilbertus Was hast Du gesagt, ach ja: Scheiße auch. Gähhhhhhnchen. **(beide gratulieren sich zu ihren wertvollen Einsichten und treten von der linken hinteren, sich drehenden Bühne herüber zu der vorderen)**

Relli Gähhnchen. Auch ich. Das Meer hat sich vielleicht verspätet. Nun könnte es woanders liegen, also dort, wo wir nicht so leicht hinkommen. Eugalla ist riesengroß, größer als das Universum um uns herum. **(auffordernd-mimisch in Richtung Gilbertus, tritt Relli mit diesem in die Mitte der Drehbühne)** Ich bin 1,99 m groß, es reicht.

Gilbertus Schon. - Bist Du sogar so groß geworden? Vor Aufregung wegen der Germanen, die da kommen? Wie das?

Relli Ein klarer Kopf, meiner nämlich, ist klarer als alle Meere, weißt Du; auch das Universum schreckt mich nicht!

(Relli beugt sich zu der rechten Drehbühne hin, die gerade zusammenkracht) Ruft aus: Oh weh! **(beide springen gleichzeitig von der Bühne herunter. Es ist so, dass sie frieren. Die anderen Bühnen stehen jetzt ebenfalls still.)**

Gilbertus Ich erhoffe mir von den Germanen einen Umschwung, denn die sollen unglaublich brutal sein und reicher als das Universum selbst, selbst dieses, stelle es Dir vor, Relli!! **(zu dem erstaunt guckenden Relli:)** Ich schreibe an meiner Bewerbung um eine Arbeitsstelle.

Relli So? Und die Germanen? Jedenfalls muss das Anschreiben sitzen!

Gilbertus Das ist aber schlimm mit diesen Anschreiben, man lässt keinen abschreiben und kann selbst nicht abschreiben. Ist katastrophal: mein Schreibstil ist wahrscheinlich schuld an meinem Misserfolg.

Relli Wie viele?

Gilbertus Wie viele was, ... wer?

Relli Ich meine die Gesamtzahl der Anschreiben dieses Jahr!

Gilbertus Ich habe nicht mitgezählt. Wie viele ... weiß nicht!

2.

Gilbertus und Relli friert es jetzt noch viel mehr, weshalb sie sich gegenseitig die Wärme in die Knochen schlagen. Darin sind sie ganz eifrig.
Ehrfürchtig blicken sie sich währenddessen so um, als ob es hier Menschen gäbe. Doch ist außer ihnen eben keiner, absolut keiner hier. Sie scheinen verlassen zu sein; dort, wo sie sind, ist die Zivilisation. Ihre Entstehung hat jedenfalls begonnen.
Tatsache: Lauter Werke von Menschen starren von den Wänden.

Auf der linken hinteren Bühne entsteht eine Wärmequelle, gezeigt durch warme Farben, orange und rot, weil im Menschen gute Gefühle aufkommen sollen. Optimal sind Glücksgefühle und das Gefühl der Zufriedenheit, die erquickend sein können.
Farben reichen dafür aus?
Die an den Wänden starrenden Werke sind kitschige Gemälde alter schäbiger Meister, dunkel gehalten. Sie sind im Quadrat um die Dreiecksanordnung angebracht, hängen mannshoch. So kann man sie, wenn man will, gut mit ausgestreckten Armen erreichen und mit den Händen berühren.

-   -

DIESELBEN.

Gilbertus Meiner Bewerbungsanschreiben ist ... enormst, sie sind auch wichtigst.

Relli Achte nächstes Jahr darauf, wie viele Du geschrieben hast, am besten führst Du eine Liste mit allen Einzelheiten. Wir könnten sie zusammen zählen. **PAUSE.** Es gibt einen Preis neuerdings, auf den man staatlicherseits setzt, denn er soll motivieren.

Gilbertus Das ist aber sehr interessant! Noch viel interessanter ist aber: Die Germanen kommen doch schon nächstes Jahr, sollen sie doch ... sollen sie! - Nun, entließe mich derartiges aus meiner Sorgfaltspflicht gegenüber mir selbst, eh?

Relli Ich möchte wohl annehmen, dass die weiterbesteht. In jedem Fall - überall! Das mit den Germanen würde Dich nicht des Bewerbungsprozedere entheben, mein Bruder Gilbertus!

Gilbertus Aber ich muss bedenken, dass sie mich vom Mich-Bewerben abhalten könnten. Sie sind gefährlich und grausam. Sie halten nichts von Pflichten, die man hat.

Relli Mach' mal halblang, - ! So schlimm sind die auch nicht heutzutage! Die bringen einen nicht wegen einer Bewerbung um!

Gilbertus Scheißtypen aus ... - woher kommen die Germanen noch heutzutage?

Relli Wir wissen es wissenschaftlich nicht genau, obwohl wir intensiv forschten. Ihre Abstammungsgeschichte ist unklar, ist verschiedenartig gemäß ihren Typen, die man rein äußerlich klassifizieren kann! Ich meine, und Du meintest es geographisch - sie sind weder artig noch artophil uns gegenüber.

Gilbertus Schon klar: sie sind die, die uns über sein wollen, obwohl sie nicht zu uns gehören können!

Relli Verbesserung: ÜBER UNS. **(Zunächst abwartend, dann jedoch ...**

3.

... in diesem Augenblick fangen alle drei Bühnen mit ihren Drehungen um sich selbst wieder an. Es geht ein Getöse los, Licht umkränzt flattrig diese Bühnen.

Und Gilbertus und Relli beginnen mit ihren rituellen Tänzen an den Gemälden vorüber. Das geschieht in Eintracht. Sie streiten sich nicht ein einziges Mal. Nachdem sie ein Mal alle Gemälde abgetanzt haben, gleichen sie erschöpften Kriegern, weshalb sie sich, vor das Publikum gerannt, zu Boden werfen.

\-   \-

Relli Geschafft hätten wir's - allen Gedanken zum Trotze! Die hat man besser nicht. Und bewerbe Dich besser bei Deinen Germanen, damit Du was von ihnen lernst, sie von Dir - verstanden?

Gilbertus Es ist eine ausgezeichnete Idee von Dir. Bewerbungen kann man auch so auffassen: sich bewerben bei dem, der am meisten bringt. Dessen Macht am größten ist. Für den zu kämpfen ... sich lohnt! Ohnehin gibt es hier und heute von den Germanen Stoff zum Harnbeutel-Entleeren aufgrund der Akzeptanz, die einem gezeigt wird, weil glücklicherweise die erbrachte Huld akzeptiert worden ist.

Relli Deine Gedanken flammen wie nichts empor zum Strauche dort hinten! **Beide schauen gleichzeitig auf den Strauch, der jetzt aus dem Boden auffährt, da sie sich umdrehen; er ist exakt hinter ihnen. Aber sofort wenden sie sich wieder um, Blick ins Publikum. Danach zueinander:**

Gilbertus Mein Wille ist wie diese Erde, in die wir uns später einlassen: ... butterklebrig, folglich nicht ewig.

Relli Bewerbe Dich, oh G.! Auch bei denen! Ich will Dir eine Bestätigung dieser Kundgebung meiner Ansicht jederzeit schriftlich ausfertigen lassen, weil Du mein Freund bist.

Gilbertus Was für eine Freundlichkeit.- Einen Gott haben wir nicht.

Relli Wüsste nicht, woher der hätte bislang kommen können, - selbst die Germanen haben erst jetzt einen Grund gefunden, bis zu uns vorzudringen.

Gilbertus Sie waren zu faul, wenngleich sie Menschen wie Äpfel von den Bäumen holen mit ihren Lanzen. Es sei ihnen ein sportives Vergnügen, dem sie ständig nachkommen, wie man sagt.

Relli Ich habe dies vernommen, als ich auf meinem Klo eingeschlafen war, auch meine Kopfhörer abgefallen waren. Der Dunktus Tasche sprach nebenan, während er ... kotzte und pisste.

Dunktus Tasche He da! Wer spricht schon wieder von mir?! **schreit er empört. Nähert sich von links außen. Er springt zu den beiden und haut sie um, so dass sie rückwärts auf die Bühne stürzen; auf die vordere Drehbühne steigen. Dort bleiben sie zunächst gerade, wie Säulen, stehen und scheinen nachzudenken. Ein großes entnervendes Licht wird auf- und abgeblendet - alles erfassend.**

Relli Ach der. **Dann: Gilbertus zugewandt, sehr gelassen.**

Gilbertus Ach der auch noch. Gern spricht er von diesen Germanen. Er scheint sie ganz gut zu kennen. - Du bist auch abgehört und manipuliert worden, Relli, denke ich mal ganz einfach - sie haben diese Geräte überall angebracht, selbst alle Toilettenanlagen sind voll von den Dingern. Aber wer ist SIE? **Relli zugewandt, vertraulich. Sehr, sehr gelassen.** Die Situation, in der wir uns befinden, ist für uns alle sehr gefährlich, es muss sich was ändern, sehr viel muss sich ändern! Keine Frage!

Relli guckt ganz verwirrt. Er wendet sich voll Dunktus zu, von dem er Erklärendes zu hören hofft.

Dunktus Tasche Was? Abgehört? Nie gehört! --- Jedenfalls die Germanen werden Euch, wenn sie gekommen sind, auffressen oder sonstwas mit Euch machen! **Lachend.**

Relli Sind Sie der Gott der Germanen geworden, Meister Dunktus?? Eh. **Aufgeregt.**

Dunktus Tasche Wer redet solchen Unsinn, Narr? **Gelangweilt.**

Gilbertus Sie sind so cool, Meister Tasche! Nein. Seien Sie das besser nicht! Sie scheinen immerhin zu wissen, was Sache ist. Klar ist mir: Die Germanen werden uns die Hälse rasieren! Schrecklich. Die Gerätschaften überall werden unsichtbar bleiben, ein Unerkanntes/Unbekanntes/Unerklärliches bleiben. **Angewidert.**

Relli Davon sprechen wir nicht! Verleugnen wir doch mal ganz locker alles, was uns ein Unerklärliches sein und bleiben muss! **Jetzt ganz selbstbewusst, mit herrischem Unterton sprechend.**

Gilbertus Okay, Relli. Bleiben wir zumindest bei unserem Dunktus Tasche. Tasche war ein Großer. Du warst ein Großer, Tasche!

Dunktus Ja? **Dunktus lacht in die volle Breite seines Gesichts.**

Gilbertus Es ist einerseits mal konstruktiv, über Seelenheil, Verdammnis und Beichtstuhl zu sprechen, doch ... andererseits: es strengt an. Tasche war ein Großer, denn er sprach über Seelenheil, Verdammnis und Beichtstuhl.

Kurze Pause. Alle stehen nebeneinander wie die Ölgötzen da. Dann geht es sehr lebendig weiter.

Dunktus Ich war ein Großer? **Ironisch.**

Gilbertus Man müsste sich verernsten! **Ganz sachlich sprechend.**

Relli Der ... der Dunktus ist doch keiner dieser geköpften, auferstandenen Priester! **Schüttelt seinen Kopf, womit er zum Ausdruck bringt, dass er die geäußerten Gedanken des Gilbertus ablehnt.**

Gilbertus Irgendwie hast Du recht - er denkt auch nur an die Germanen von morgen, die uns unsere Kräfte, unser Eigentum nehmen könnten! **Überzeugt klingend.**

Tasche klettert herum, obwohl nirgends etwas ist, auf dem er klettern könnte. Diese Drehbühne ist leer. Aber nun ergießt sich ein Regen mit winzigen silbernen Plastikäxten über sie.

Dunktus Alle Menschen sind nur Brüder! Und Schwestern! Und Germanen! **Brüllt. Es soll verheißungsvoll klingen.**

4.

Hier wird es ganz gelb, ... da der Mond, über allem flach und umfassend in Scheibenform angebracht, sein Licht über Gilbertus und den Dunktus Tasche ergießen kann. Es ist ein extrem abstoßendes, Verwesung und Krankheit vermittelndes Gelb. Sie sind jedenfalls anwesend, aber zunächst unbeteiligt am linken Rand der Szene.

Plötzlich treten Lichteffekte in Funktion, die Hektik verbreiten, - vom Mond aus.

Es vergehen nun ein paar Minuten, ohne dass jemand erscheint, der sich vor der Höhlenfront, die zum Publikum hin auf einer Linie von links nach rechts bis ganz oben hin errichtet ist, zeigt. Eine Straße führt von rechts aus hoch bis zum Haupteingangstor.

Dies ist insgesamt eine Front, die kompliziert verwinkelte Eingänge aufweist, aber links das Eingangstor als Haupteingang.

Nun ist eine kratzende Melodie zu hören, es folgen musikalische Anklänge an den Komponisten Richard Wagner.

Der bei den Germanen allseits anerkannte und nicht wenig berühmte Glücksbringer Echtwalz erscheint. Er schreitet aus dem Haupteingangstor, um zur Einführung eine Rede zu halten. Das hört sich an, als stünden die Germanen vor dem Tor, und auch so, als müsste er feierlich erklären, was sich ereignete, just bevor EUGALLA auf die Welt gekommen war.

Dieser Echtwalz ist ein dünner, hoch aufgeschossener Profi der Rede. Zum Anlass ist er durchaus passend gekleidet. Er ist in ein sehr leichtes orangefarbenes Tuch, was ihm von der Nase bis an die Fußspitzen wallend herunterfällt, gehüllt.

Er liest von einem Zettel ab, den er vor sich hält.

-   -

Echtwalz spricht dies: EUGALLA soll neu gegründet werden zur Verteidigung gegen die Germanen aus LITE - EUGALLA ist ihnen eine Invasion wert.

Echtwalzens Stimme bekommt ein Echo, er räuspert sich während des Echos. Die Szene wird dann schnell in ein dünnes, sich von oben her über allem ausbreitendes Eigelb gehüllt. Und Echtwalz zuckt zusammen. Er schweigt einen Moment. Ein wenig schwankt die Höhlenfront, schiebt sich nach vorne, dann wieder zurück.

Echtwalz mit feierlicher Stimme fortsetzend: Aber wir möchten nicht alle aus LITE umbringen, dafür sind wir uns zu schade. Wo seid Ihr, Menschen aus LITE, ihr die LITER, ... LITER? **Richtet sich direkt ans Publikum.** Unser ist das ewige Wissen darum, dass LITE dort, wo es ist, nicht sein darf! Die frühen Kriege des Jahrtausends haben die Völker durcheinandergeworfen. Fakten. Fakten! Fakten!! **Stoppt kurz, fährt dann schneller redend fort.** Bevor EUGALLA neu gegründet wird, werden wir sie alle neu machen, machen, machen, alle EUGALLER – uns, Euch! Hört Ihr?

Stille.

Echtwalz fährt lauter sprechend fort: Schande, dass sie glaubten, die EUGALLER, einfach so davonzukommen mit ihren Kriegsplänen! Die LITER werden schneller sein. Es war naiv, sogar einfältig! Wie kann man nur! ... die LITER-Germanen werden schließlich ganz entschlossen zulangen und prüfen, nachdem sie getötet haben werden. Pflichtgemäß. Dazu noch folgendes: Jeder EUGALLER wird nicht umgebracht werden, obwohl der Mord eine Liebestat ist, die jeden unserer, ja ... äh ... unserer ... **Er blickt sich etwas verängstigt um. Er zerknüllt den Redezettel, fährt mit ihm über seine Stirne, die dann leicht zu bluten beginnt.**

Schaut ganz verwirrt, ruft aus: Wir leben im Jahr 2200. Wo liegen die Germanen, die wir sind? Wer sind wir daher, die wir sein müssen?

Stille.

18

Fährt engagiert fort: SPRINGS LITE, das Zentrum dieser LITER-Germanen, liegt im Nordmeer, wo sich eine Inselkette bildete, nachdem zwei Weltkriege stattgefunden hatten, nämlich der 2022 n. Chr. und der 2025 n. Chr.. **Mit dem Redezettel wischt er sich mehrmals über die blutende Stirn.**

Zwei Männchen betreten die Bühne vor dem Haupteingangstor zu Füßen des Echtwalz. Sie schreiten gekrümmt und schweigen. Noch sind sie, grün leuchtend, den Blicken verborgen. Echtwalz schaut auf sie gönnerhaft herab.

Echtwalz fährt fort: Und dieser verdammte Jesus Christus aus dem Land der Juden sitzt uns noch im Nacken, denn wir verachten ihn völlig, aus vollem Herzen, er hat schon zu früheren Zeiten Scheiße fabriziert. Ich darf weiter ausführen: Aus den Erdtiefen unter peitschenden Fluten des Meeres erwuchs in der Folge der Verheerungen des ersten WK die Insel !Qu!. Ihr folgten noch mehrere hundert Inseln, auf denen die Germanen den Staat GerFAX gründeten. **Stoppt einen Moment, segnet alle, insbesondere mehrmals hintereinander die beiden Männchen unter ihm, danach voller Wucht in der Stimme:** Ich heiße Echtwalz und bin der Glücksbringer des Volkes der Germanen, Germanen, Germanen!

Mein Volk .... . Sie nannten sich, geschichtsrückgreifend, Germanen. Erinnerten sie sich wohl der Stämme im Osten Europas, welche, als es Europa noch gegeben hat, diesen Kontinent der Vielfalt und der vielen Kriege, einen Großteil des Kontinents besiedelten. Ein Land namens Deutschland befand sich so ziemlich zentral in der Mitte Europas, doch dann wurde es zerstört. Gleich in den beginnenden Kämpfen des WK 2022 ging es zugrunde. Mit ihm starben alle Staaten, die mit ihm verbündet waren. Auch der es übergreifende und durchdringende Staat EURO UNS25 starb, wenngleich auch sehr qualvoll und langsam; in den letzten Zügen lag er dann im WK von 2025. **Beendigt die Rede plötzlich mit einem Knicks vor allen, verschwindet.**

Der Mond über der Szene scheint das Chaos gelb zu bluten.

Wiederum hektisch sind Lichteffekte, viele tausend Lichtwürfel zeigen sich an der Höhlenfront. Es ist klar, daß sie vom über der Szene glänzenden, gar nicht milde scheinenden Monde herstammen. Der Mond, eigentlich extrem unruhig, ist dabei, befremdend zu werden, indem er ganz plötzlich durch die Harmonie nunmehr einsetzender Lichtfluten beeindruckt.

Er verängstigt und beschämt wegen seiner Anmaßung, über allem harmonisch und gar milde glänzen zu wollen, zumal er vermenschlicht erscheint mit seinem Gesicht, aus welchem der Schmäh der Jahrmillionen zu sprechen scheint. Dieses Gesicht zeigt sich in der Schräge zum Publikum ganz widerwärtig im Ausdruck - als erstarrtes Maskenhaftes eben auch über Gilbertus und Tasche angebracht, die sich während der entstehenden Harmonie entpuppen.

Weniger verängstigt erscheinen aber diese beiden, sie sind relativ wohlgemut, beginnen ein Gespräch, während sie sich lebhaftigst bewegen. Aber dieser Mond durchflutet noch alles.

Gilbertus Wir leben noch. **Jubiliert.**

Dunktus Wir leben noch, hoch die Fratzen, hoch - !! **Ebenso. - Es wirkt so, das das Publikum anscheinend erschrickt: panisches Rumoren und Gewese! Hierzu bedient man sich der Geräusche-Technik hochgradig.**

Gilbertus Es ist an der Zeit, Farbe zu bekennen.

Dunktus Es kann nicht Nichtbetroffenheit vorgezeigt werden, während eine Germanenhorde über uns Reden zu halten beliebt, die wir für grenzenlos blöde halten - genauer gesagt: e i n e s Menschen gehaltene Rede, der sich dünkt, ein Mensch zu sein. Kaum zu fassen. Ich fasse dies jedenfalls noch nicht so ganz ... !

Gilbertus Irren ist menschlich, Tasche. Bedenke dies! Ich bin zu schlau, um es nicht zu bedenken!

Dunktus Komisch, dass gerade Sie dies sagen! Warum duzen Sie mich, G.?? **Wütend.** Dabei sind Sie gerne vorschnell und übereifrig! **Wütender geworden und fühlt sich an den Kopf.**

Gilbertus Ich habe mich noch zu bewerben, auch dann, wenn eine Horde bei uns ist, zu Besuch ... oder so. Sie werden nicht jedermann umbringen, also ehrlich: das stelle ich mir ungern vor, oder? **Ratend in alle Himmelsrichtungen sich verbeugend. Schlau guckend, wobei er dreist wird gegen Tasche:** Merke, Du Heiliger: Germanen können unsere Anerkannten sein, die den Verkehr neu regeln, EUGALLA ausmessen und pflastern, unsere Archive ordnen und die Ställe ausmisten, auch die Frauen durchficken.

Dunktus Überlegt sein will es - denke nach. Pflege auch die Haare wie die Schamhaare, Deine epische und epigonale Schmach wie Scheinschmach. Jenen Germanen kann man's verheimlichen, sie kennen unsere Sitten vermutlich nicht.

Gilbertus Nicht so eifrig! Tasche, Du kannst mich von hinten und von vorne ... . Scherzest Du mich an? Willst Du mir jetzt Übles? - Es ist mein Ruhm, der meine Schädeldecke von innen wie von außen bedeckt. Germanen könnten mit meinen Schamhaaren viel anfangen, bedenke DU es!! **Laut und ironisch redend: wirkt sehr geschäftig und geht hin- und her vor der Höhlenfront, die ganz starr im Gelblicht steht. Ab und an tritt ein Hund, ein Boxer, aus einem der Eingänge und schlägt an.**

Dunktus Herrschen kann man selbst ja nicht, die Germanen aber werden alle entmachten und sich die Kleinstaaterei von Eugalla zunutze machen, werden ... durcheinander fegen, was sich aufgehäuft hat. Seit sie dort in SPRINGS LITE agieren, können sie beliebig frustrieren und desillusionieren, wollen mit ihrem GerFAX alles nehmen, um0es zu vernehmen, danach auszunehmen! Habe ich gehört. Meine sozialen Beziehungen funktionieren! **Eine herrische Körperhaltung einnehmend, beobachtet er Gilbertus genauestens. Dunktus geht, während er beobachtet.**

Gilbertus Zuviel Regen, zu viel Schnee - ... zu viel Sturm, zu viel windiges Vorhersagen! **Stoppt vor Dunktus Tasche und holt dann den Boxer aus dem Eingang, in dem er ist. Mit diesem tritt er vor Dunktus Tasche hin.** Glücklichere, die verzweifeln können! Noch Glücklichere, die völlig den Kopf verlieren, - sie sind meiner

21

würdig! Ich könnte sie abküssen des nachts, wenn ich in meinen Büchern für die Bewerbungsvorbereitungen blätterte und verzweifeln möchte, denn ... würde ich meinen Kopf an irgendeinen verlieren, so ... wäre ich ein gemachter Trottel, man würde mich zu nichts hinzuziehen dürfen! Trottel werden ausgesondert. Sie dürfen leben.

Dunktus Stimmt. Selten haben Sie recht, doch jetzt haben Sie recht, Sie ... Trottel! **Sagt er zynisch-gelassen, als er den Boxer streichelt, der ihn dann anbellt.**

Gilbertus Darf Ihnen mitteilen: Ich komme dafür in Frage, in eine Kommission delegiert zu werden, wo man mich verachten wird, so steht zu vermuten. **Gesprochen mit bestechender Sachlichkeit, bebenden Lippen, erhobenen Kinns; fortfahrend zu Dunktus Tasche, der sein Gesicht gefährlich vor den Hund hält, um ihn zu untersuchen:** Das ist für mich ein Grund, fortwährendes Versagen anzustreben, anstatt nichts zu tun, und auch als etwas zu tun, was ich nicht tun will. Ich lüge jetzt nicht.

Dunktus Nein, oh nein. Oh nein! Sie doch nicht, lieber kleiner Gilbertus! Wie gefällt es Ihrer Frau, dass Sie die Germanen freudig zu begrüßen gedenken, wenn sie an den Stränden Eugallas anlanden?!

Gilbertus Sie meint, dass ich unter Germanen besseres leisten könne. Aber ... na ja, das ist mir egal!

Dunktus Soll die Kommission, in der Sie Mitglied sein werden, eine der Germanen oder eine von den Unsrigen sein? ... ich meine, dies ist nicht von Ihnen gesagt worden.

Gilbertus Wie? Wahrscheinlich könnte ich mal trottelig wirken und vielleicht, hoffe ich, auch trottelig sein, so dass mich 1. die Unsrigen, 2. die Germanen in dieser Kommission zwecks kritischer und kreativer Mitarbeit benötigen werden!

Dunktus Na. Ich wüsste das Befriedigendste: ... nackt im Rhein zu baden und am Gift zu ersaufen, denn seit 2129 ist er völlig vergiftet.

In seinen Auen und an seinen Ufern werden total giftige Stoffe verklappt.

Gilbertus Und ich klappe meine Bücher zu, obschon ich keinen Job habe. Werde ich es ...? Wage es nicht zu erträumen! **Er haut mit seiner linken Hand auf seine Rechte, deren Finger alle ausgestreckt sind. Schreit auf: Aua!!**

Dunktus Tasche lacht zum Kommentar. - Echtwalz als der Glücksbringer kommt von links: ... in seiner Hüfte wiegend, betritt er den Raum zwischen den zwei Männern. Er füllt ihn aus, auch streichelt er den Boxer. Aber er sagt nichts, während sie weiterreden; er zeigt kaum Interesse an diesen beiden.

Dunktus Was ist das für eine Figur, Gilbertus, die Du gerade mit deinen Händen kunstvoll schaffst? Sage es! **Beide ignorieren vorerst Echtwalz, den Glücksbringer.**

Gilbertus Ich habe sie gerade erfunden. In mir steckt ganz Eugalla. Ich habe zu oft gefroren, nun werde ich gar nichts mehr leisten wollen. Betrachte meine Bewerbungen als erledigt.

Dunktus Schon wieder ... schon wieder ... schon wieder diese Bewerber-Sache! Das ist anscheinend das Wichtigste des Wichtigsten! ... ich betrachte mich in meiner Funktion als persönlicher Berater von Ihnen, Gilbertus Fürst von Eugalla, für abgesetzt, weil ich finde, dass Schluss sein muss mit allen Narreteien.

Gilbertus Ehrlich, es ist scheißegal. Wirklich! Wer auch an meiner Seite sein sollte, er ist an der Seite, die ich nicht ausstehen kann. Viele Seiten öden mich an, ich habe sehr viele, folglich öden mich auch viele an!

Dunktus Was soll das jetzt? Wollen Sie mich nicht offiziell entlassen?

Gilbertus Ein Fürst kann keinen Berater entlassen, so dieser kein einträgliches Einkommen auf Grund ehrlicher Arbeit hat. Und das mir gegenüber auch nachweisen kann.

Dunktus Komische Sache. Komische Frage. Was soll`s! Ich will weiter gelehrt und gütig sein – als Mensch. Als Ihr Berater!

Gilbertus Ist ja gut, ist ja ... gut! **Besänftigend, mit einem Schuss Ironie.**

Dunktus Ich könnte Sie in den Arsch treten, Fürst Gilbertus! Warum sind Sie so rücksichtslos, wenn es um Arbeit geht, um Arbeit als Ihre persönliche Marotte? Denn es gilt doch: Warum arbeiten, wenn man ein Fürst ist und sein Land verteidigen muss?

Gilbertus Ich muss kein Land verteidigen. Eugalla ist längst nicht mehr; es weiß nicht, dass es inexistent ist. Eugalla ist futsch, away. Wenn, ... wenn Sie nicht mal wissen, dass es away ist, Dunktus Tasche!?!?

Dunktus Weiß nichts mehr, Fürst, - Sie Preis der Jugend, Preisender des Alters und der Herrschaft, all dieser Mächtigen im Land. Und Sie als ... ein Angepasster an die gesellschaftlichen und politischen Erfordernisse in unseren Verhältnissen, ... sind ein Mann ohne Gnade gegenüber vielen Menschen.

Gilbertus Ich fühle mich nicht ernstgenommen.

Dunktus Müssen Sie wohl ... .

Gilbertus Ist doch alles übertrieben! Wenn ich erst einmal richtig verantwortungsvoll arbeite, dann wird noch alles gut werden können.

Dunktus Aha. **Gereizt.**

Gilbertus Von jetzt an schicke ich keine Bewerbungen mehr an irgendwelche Idioten. --- Meine Freunde werden mmmmmich abküssen und feiern, erstmals wird es ein Eugaller zu etwas gebracht haben, wenn auch nur, da die Germanen aus GerFAX hier sind und mich fördern und anstellen werden, glaube ich zumindest.

Dunktus Warum sind Sie bloß so realitätsfern, ... verrückt? Wo ist die Liebe zu Eugalla, dem Land der Länder ...!? **Dunktus Tasche schüttelt seinen Kopf – Verständnislosigkeit.**

Gilbertus Jetzt übertreiben Sie aber, mein Immer-Noch-Berater, honoriger Edler von Treubag nahe Stuttgart. **Er wird jetzt auf den Glücksbringer aufmerksam, spricht ihn aber nicht an.** Endlich könnte ich jetzt, da die Gefahr der Germanen virulent gegeben ist, jemand/etwas oder niemand/nichts werden. Ich schreibe nichts mehr, aber gerade jetzt wird man meine Fähigkeiten auch als ein Industriekaufmann ernstnehmen können, - .... **Glücksbringer schaut auf und lächelt Gilbertus in die Augen.**

Echtwalz als Glücksbringer sagt: Ob wir den brauchen werden?

Gilbertus Allein der Gedanke an den ungeheuerlichen Erfolg, an einem Bewerbungsgespräch, ohne jetzt noch geschrieben zu haben, teilnehmen zu können, Arbeit in Aussicht zu haben, ist allzu befriedigend.

Echtwalz als Glücksbringer, der ein Fürst des Staates GerFAX ist, dessen neuestes der Aufklärungszeitalter mitten im Aufwachsen und Wehen durch die Zeiten ist, heute auch - spricht zu sich selbst: Garantiert ohne Chance. Er lacht vor sich hin und reißt dem Dunktus Tasche die Leine, an der der Boxer ist, aus der Hand. Den nehme ich durchaus weg! schreit danach Echtwalz berstend. Dunktus Tasche, der bisher den Glücksbringer gar nicht wahrgenommen hat, fährt überrascht zusammen, ist unfähig zu handeln.

Glücksbringer Garantiert chancenlos. Das ist ein schönes Los für den durchschnittlichen Fürsten, der arbeitslos!

Gilbertus Meinen Sie mich und meinen künftigen Werdegang eines Fürsten? **spricht direkt zu dem Glücksbringer und staunt ihn frech an. Dunktus Tasche sagt kein Wort, guckt nur so umher.**

Glücksbringer Ich habe alles gehört. Ich bin aus GerFAX, wo man die Menschen noch Menschen nennt und dementsprechend behandelt. Sie dürfen leben, wie und was sie darstellen können, gemäß ihren billigen blödesten Wünschen also. Sie lassen nichts auf ihre Dummheit kommen.

Gilbertus Ausgezeichnet finde ich's, ... wo liegt Ihr Einwand gegen mich? **Engagiert.**

Glücksbringer Sie gibt es in Eugalla, wiewohl es Sie noch nicht geben dürfte.

Gilbertus Ich höre. **Eher gleichmütig.**

Glücksbringer Wenn wir nicht das Jahr 2200 schrieben, so könnten wir ganz neu anfangen in Eugalla, gewissermaßen einen großen vereinfachten Staat mit vielen und vielfältigen Schachteln, Schüben und Schächtelchen einrichten, in dem keiner sich zurechtfindet! Doch weil es Sie gibt, ähnliche wie Sie, das sind Zigtausende, so werden keine Menschen übrig sein, die noch gewillt sind, einen solchen Staat zu bauen. Bewerbungen schreiben ist, von daher gesehen, sozusagen notwendig, ... wenn man das so sieht. Man kann es nicht anders sehen, weil ... die Sicht festgelegt worden ist! **Kurze Pause.** Wir brauchen keinen Menschen, auch keinen Fürsten, der arbeitet oder arbeiten will, um danach, wenn er gelangweilt ist, die Arbeit niederzulegen, oder um unsere Arbeit zu sabotieren, oder auch um die Menschen Eugallas aufzuwiegeln!

Gilbertus Ich hätte zum jetzigen Zeitpunkt kurz vor dem Erscheinen der Germanen aus GerFAX nichts schrecklicheres aus dem Munde eines Vertreters derselben hören können, schämen Sie sich, so etwas einem Fürsten vor den Kopf zu werfen, der doch guten Mutes, guten Willens etc. ist, um die Germanen aus GerFAX friedvoll zu empfangen! **Dunktus Tasche kichert verständnislos in sich hinein, meint sich bestätigt ob der Dummheit des Gilbertus (selbst noch dümmer als dieser).**

Glücksbringer Ich neige zum Vortragen und Erklären und Erläutern und auch Diskutieren eines Problems. Grundsätzlich. Doch ich ziehe momentan das Schweigen dem weiteren Reden vor.

Gilbertus Nun werden Sie ausführlicher, schließlich bin ich einer ... , der arbeiten will, letztlich für Eugalla und GerFAX, die doch jetzt schon unzertrennlich zusammengehören! Ob Sie einen neuen Staat hier gründen wollen oder nicht, ist mir gleich. Das lassen Sie sich gesagt sein! **Aufgebracht wendet er sich direkt gegen den Glücksbringer aus SPRINGS LITE. Dieser kontert sofort.**

Glücksbringer Ich kann, da seit heute in offizieller Vorbereitungsphase und ... bemüht in präzisester Desinformation, nichts sagen von dem, was ich sagen möchte.

Gilbertus Sie können ja gar nichts!! Also haben Sie gelogen, um mich zu verwirren, wahrscheinlich soll ganz Eugalla getäuscht werden ... niedergemacht durch ... Ihre Worte und schwache Begriffe, als wäre Eugalla ein Scheißhaufen der Menschheitsgeschichte, Sie dagegen, SPRINGS LITE, die Inselgruppe der Phänomenalen, nur gut und am wichtigsten, zu wichtig, um mehr zu tun als das eigene System auf uns zu übertragen!

Glücksbringer Ich kann nicht deutlicher werden, **so sagt er förmlich und offensichtlich ganz unwillig.**
Gilbertus ist unruhig und will nicht aufhören, nachzubohren.

Dunktus Tasche klettert die Höhleneingänge nach und nach ab, als wollte er in jedem etwas hinterlassen.
WÄHRENDDESSEN: die Kulisse schiebt sich mit allen Figuren bis nahezu an die Rampe heran, so dass gerade genug Platz für die Figuren bleibt. Das Gelb des Lichts wird rosafarben und schmutzig.

Dunktus Tasche verharrt einen Moment am letzten der Eingänge, trägt dann vor: Die sind unwirklich in ihrem Tun und Verhalten, reichlich enthirnt, wie es scheint, und ich beabsichtige eine ... Verteidigungsstrategie zugunsten von Eugalla zu entwerfen. Zwar bin ich nun entlassen, ... aus ... aber ich könnte was für meine eigene persönliche Schicksalstragödie tun; Sie müssen wissen, wahrscheinlich würde man mich früher oder später verhaften, verurteilen und in einen der beweglichen Straftürme stecken, in die die Leute aus GerFAX die Widersprechenden stecken, die sie aufgegriffen haben. Sie sind so demokratisch. Dafür sind sie schrecklich wohlbekannt in der umfliegbaren Welt, die wir kennen.

Den Mars müssen wir noch schaffen, doch vermutlich wird man ihm nicht beikommen können. Außermilchstraßige haben ihn schon für sich … . Nun ja. Mal wieder waren die Erdmenschen zu tranig. **Er verschwindet in dem Eingang.**

Glücksbringer Was für ein närrischer Mensch, er glaubt an die Wissenschaften! An die Erde! An all das! …. der Mars. Wie konnten Sie sich den von Ihrem Vater aufschwatzen lassen? Mars und Tasche, die passen zusammen! Der Mars ist nicht gleich Erde! Die Außerirdischen dort sind auch chancenlos, so dass wir sie dort lassen müssen, denn erst wenn sie was aufgebaut haben wie zum Beispiel eine neue Erde, können wir sie in unser GerFAX-Reich einfügen. **Hat des Dunktus Tasche Treiben verfolgt, wendet sich an Gilbertus, der sich beengt vorkommt.**

Gilbertus Werden Sie bloß nicht arrogant! Weil ich jung bin und kein Gott, muss ich meines Vaters bedeutende Entscheidungen hinnehmen. Noch haben wir welche wie den Tasche in vielen Ausfertigungen! Beachten Sie sie, … GerFAX-Mensch!

Glücksbringer Danke! Ja, ich der GerFAX-Mensch! Mein festes Bekenntnis zu GerFAX, bitte sehr! - Sie kriegen keinen Job im Eugalla der Germanen, die ich hauptsächlich vor der Welt vertrete!

Glücksbringer und Gilbertus starren irre ins Publikum. Ein Vorhang stürzt - .

5.

Hintergrund der Bühne: ein Patchwork von ca. 25 Bettlaken, die relativ säuberlich aneinandergenäht eben diesen Hintergrund bilden. Auf ihnen sind, eintönig und sehr fassadenhaft, Häuser abgebildet: die Stadt Profundia in Eugalla.
In einem milden Rot sieht man die Konturen der Häuser, auch des Fabrikgebäudes. Graublau ist das Gewölk am Himmel, welches über diesen Häusern hinweg zieht, weil es auch noch einen Himmel über dem Land Eugalla gibt.
Selbstverständlich? Im Jahre 2200 n. Chr. ist nichts mehr selbstverständlich. –

Nebelfelder bewegen sich anstatt von Einwohnern um diese Stadt herum, die ja nun wirklich überhaupt nicht fiktiv ist. Beinahe unbeweglich ist die Einwohnerschaft, kurz vor der Erstarrung gerade im Angesicht der Germanen. Zelton und Gnadenbrötchen sind zwei der bewährtesten Einwohner, die sich lieben, als hätten sie nichts besseres in ihrem Stadtdasein zu bewegen, obzwar sie auch nur fast-erstarrt sind.

Sie treten auf; rechts vor der Stadt. Vorstellung beider nacheinander, während Gilbertus links hinten steht und beobachtend abwartet.

\-   ⁃

Zelton Gegrüßt.

Gnadenbrötchen Gegrüßt. **Gilbertus hält sich die Stirne.** Die rennen wie die Ratten in den Kanälen, sobald die Germanen sie aus den Häusern treiben werden.

Gilbertus Zwölfhundert Kilometer von der eugalla-berühmten Höhlenfront entfernt liegt diese Stadt Profundia, die noch innerhalb Eugallas gelegen ist, weil sie von Süden her während der Raubzüge der *Terranesen* wegen ihrer schlechten Luft nicht erobert werden musste. Die *Terranesen* enthielten sich jeden Interesses an Stadt und Einwohnerschaft, die ihnen zuwider schienen; ihre Botschafter kamen mit zugehaltenen Nasenflügeln und entfernten sich auch wieder so. **Dies trägt er nun vor und hat einen Fotoapparat, mit dem er clickt und clickt und clickt; sein nervöses Hopsen anschließend findet keinen Beifall von Zelton und Gnadenbrötchen. - Zelton geht ganz eng neben Gnadenbrötchen hin- und her, ohne auf etwas zu achten. Gnadenbrötchen streckt gleichsam gleichgültig-beschwörend die beiden Arme hoch, leicht angewinkelt zum Himmel über der Stadt Profundia.**

Gnadenbrötchen Geloben, gegrüßt zu haben.

Zelton Geloben! **Gleich danach, und seine Treue zu Gnadenbrötchen scheint auf Unzertrennlichkeit zu weisen.**

Gnadenbrötchen Lange noch wird man von Profundia als von der am längsten existierenden Stadt in Eugalla reden. Nicht einmal die Terranesen schafften sie einst. Und auch die Germanen können's nicht recht - packen!

Zelton Unsere Stadt Profundia ist einzig im Land.

Gnadenbrötchen Allzu einzigartig, dafür haben wir aber auch gearbeitet.

Zelton Härter gearbeitet, als dass wir darüber reden dürften. Darüber wird nicht geredet!

Gnadenbrötchen Wie sollen wir bekanntmachen, dass sie einzigartig ist, wenn die Sprache blockiert ist?

Zelton Du redest schon darüber, pfui!

Gnadenbrötchen He, fotografieren Sie uns gefälligst nicht, wir sind aus Profundia, wo das Pfund Butter mehr kostet als eine Kuh, von der sie herstammt! **Gerichtet an den Fotografen Gilbertus, der erschrickt.**

Pathetisch erwidert Gilbertus: Ich kenne jeden in der Stadt, denn sie fasst nicht mehr als einige Hundert ... nicht mehr. Gnadenbrötchen heißen Sie, heißen so, als wären sie wer! **Gilbertus fotografiert fortwährend weiter.**

Zelton Ja. Gnadenbrötchen ... und wer bin ich? **fragt er aber den fotografierenden Gilbertus, hinter dem jetzt der Glücksbringer einherschreitet, als wäre er ein müßiggehender Passant. Glücksbringer findet aber keinen Grund, sich in diesem Moment einzubringen.**

Gilbertus Sie sind der Zelton aus dem Stadtteil Eugia-Glebs in Profundia. Den habe ich vor 20 Jahren besucht, als ich noch ein Kind war und meine Brötchen bei Gnadenbrötchens Mutter Errry kaufen musste, denn in meinem Heimatdorf waren sie allmorgendlich ausverkauft. Man schritt über Leichen schon damals, doch es hat sich gebessert nach und nach. Demnächst sind die Germanen da. **Er weist ringsherum mit seinen Fingern.**

Zelton Sagen Sie bloß, Gilbertus. Die Terranesen haben wir kennengelernt, sie waren kultivierte Menschen von höchstem Rang, die wir nicht alle umbringen mussten, um ungeschoren davonzukommen; immerhin waren und sind wir Eugaller! Das will was heißen! **so äußert er pathetisch, hochernst und gleichzeitig schon mit einem Anflug von Verbitterung in der Stimme. Gnadenbrötchen lauscht mit Neugier den beiden, - Glücksbringer schiebt nach links ab.**

Gilbertus Pflichte Ihnen bei. **Amüsiert.**

Zelton Von Terranesia können heute noch Bilder für Speicherträger produziert werden. Unsere zahlreichen Verlage produzieren nicht nur Speicherträger für waffenkundliche Lernlektüre, vielmehr auch für Geographie und Astronomie. Ganz besonders der Tag und die Nacht sind für uns bekanntmachbar!

Gilbertus Erstaunlich, dass es so etwas noch in Eugalla gibt, da doch die finanziellen, eigentlich alle Mittel rar geworden sind. Ihr Stadtteil Eugia-Glebs in Profundia bildet eine Ausnahme, oder?

Zelton ... Ausnahme. Gewissermaßen, ... aber lassen wir dies doch ruhen!

Gilbertus Die Terranesen haben damals diesen Stadtteil ganz verschont, ... **Etwas vorwurfsvoll.**

Zelton Dies ist nicht ganz richtig. **Sachlich.** Wir hatten auch ein paar Opfer zu beklagen. Manches wurde zerstört, aber eben längst nicht alles.

Gilbertus So ist das, Zelton, danke für die Info! Ich darf kurz ausführen: Die Terranesen verblüfften durch die Kultur und die hochentwickelte Waffentechnik, wogegen die Germanen aus GerFAX mit ihrer Brutalität ziemlich überraschen werden.

Zelton Das hätten Sie wohl gerne, zu wem gehören Sie eigentlich -? Sind Sie ein Agent von GerFAX??

Gilbertus Warum sollte ich einer sein, nein, ich trage mich mit staatstreuen Auffassungen, nur manchmal verbeuge ich mich vor den bittersten Trübungen der Notwendigkeit, denn dann muss ich daran denken, dass ich immer noch Bewerbungen schreibe, bis vor kurzem jedenfalls. Es ist finsterschrecklich.

Zelton Gilbertus, schenken Sie sich Ihr Selbstmitleid und ihre lächerlichen Rechtfertigungen! **Herablassend.**

Gnadenbrötchen wirft nunmehr, Fotoapparat weit weggeschmissen, schlechter gelaunt, etwas ein: Schiebt man die Häuser weg, in den Dreck, erkennt man schon einen neuen Zweck! **Zelton und Gilbertus lassen verdutzt und enttäuscht die Köpfe sinken.**

Gnadenbrötchen lenkt seinen Körper an die Seite des erotisierenden Gilbertus, der jetzt weiblich wirkt.

Gnadenbrötchen trägt eine Kiste in Händen. Nun fegen einige Windstöße allen Sprechenden die Haare durcheinander.

Glücksbringer schießt an der Stadt vorbei von links nach rechts über die Bühne. Singend:

Männer! Frauen! - Kümmert Euch

um diese beschissene Reise

die die meine: seid nur wartend, nur so leise

diese Stadt ist arm und feucht!

Ich in Eurer Nähe. Ihr seid weise! ---

Zelton Der hat was gesungen, dieser Fremde!

Gilbertus Glücksbringer. Das ist Glücksbringer, dieser Vertreter ... der Germanen! **Zelton und er richten sich, stillstehend, sofort mit ihren Köpfen nach ihm aus, der vor ihnen stehenbleibt und mehrmals hintereinander nickt. Es ist eine Begrüßung, die aus GerFAX kommen muss. Gnadenbrötchen stellt sich zu diesem Glücksbringer aus Germanien, so ist denn eine Gruppe entstanden, die dynamisch ist.**

Gnadenbrötchen sagt: Herrlichreinundfein und mein! **Er nickt zur Seite den Glücksbringer an, wobei er kräftig schnieft und rülpst; beobachtet weiter.**

Glücksbringer Hallo, hallo! Es wird jetzt endlich Tag! **Sehr laut und provozierend redend. Er stemmt die Arme in die Hüfte, dann stampft er mit dem rechten Fuß auf, als wäre er ein kleiner Junge.** Ich darf beginnen, Neuartiges, Neuanzufangendes, Neubauten in Eugalla ... da spuckt ihr Galle, speiet Übel, singet in Kübeln! Die Möglichkeiten ruhen noch, sie treten in Euer Leben in Form von mir!

Gilbertus und Zelton Aah!!! **Gemeinsam ausrufend; sie stemmen ihre Arme ebenfalls in die Hüfte, grinsen dabei fröhlich. Ihre Erwartung ans Kommende ist groß.**

Glücksbringer In ihr steckt wahrhaftig etwas real Zukünftiges, in unserer Zukunft; es wirkt sich was aus, ... - was jedoch, das kann sich nicht auswirken, bevor nicht Glücksbringer losgelegt hat, ... ich ... weshalb er denn auch loslegt, als würde er es gut mit allen, den ganzen Völkern Eugallas, meinen. Wirkt sich aus! Wirkt sich ... erhaben-erheblich-erleuchter-isch ... isch .... **Glücksbringer schmettert solange, bis seine Worte verebbt sind, - in dem folgenden gemeinsamen Gähnen aller enden. Haut während dieser Äußerung mit der rechten Faust fest gegen seine Brust.**

Gilbertus und Zelton und Gnadenbrötchen Wahrscheinlich wird es wie bei den Germanen bald keine Frauen mehr geben! **Sie singen es gemeinschaftlich und umarmen sich; anschließend reißen sie einander fast die Arme aus! Dann machen sie Miene, als wären sie Verlassene.**

Glücksbringer beobachtet all dies gelassen, bis er ausspricht: Hier wird gesungen, gerauft ...in Eugalla wird sogar noch gut gesprochen. Es liegt vor mir, hinter mir, ... ist so seelenrein. Ja, es sprach für mich zu Euch. Habt Ihr das vernommen? **Er bindet sich die Schuhe, die beiden sehr langen Schlaufen reichen, wenn er an ihnen zieht, bis unter seine Hüfte. Dann stößt er aus:** Kultur – sie lebe!

Gilbertus und Zelton sind dort, wo sie hingehören, direkt bei dem Glücksbringer: weit aufgerissen ihre Münder; Nervosität, Hektik, sie starren auf die Stadt, die dort scheinruhig liegt; Gnadenbrötchen kullert mit seinen Augen, wonach er sehr besorgt stirnrunzelnd sich schrittweise von den anderen fortbewegt.

Gnadenbrötchen Der Mann lügt! **Direkt zu Glücksbringer gesprochen, der, ohne darauf zu reagieren, weiterspricht.**

Glücksbringer Künftige Brüder! Verlierer, Ihr! Die Germanen lieben Euch wie Götter es vermögen, ... weil sie nirgendwo ruhig liegen dürfen! In Eugalla werden die Germanen aus GerFAX auch Euch zahlreiche eindrucksvolle monumentale Ruhestätten errichten, die aus Eurem Lande ein großes Totenfeld machen, auf dem die

Blumen, bis zu Wolken hochrankend, alle Ranküne Eurer rauen Sittlichkeit abbauen! **Äußerst pathetisch sprechend. Er nimmt eine stolze Körperhaltung ein.**

Gnadenbrötchen Fein. So rein Feingesponnenes. **Schon weit von Glücksbringer entfernt, stoppt, sagt weiter:** Er lügt wie ein trübseliger germanischer Lügner, der ... ! **Die Eugaller gucken misstrauisch, denn sie glauben Gnadenbrötchen mehr als diesem Germanen Glücksbringer.**

Glücksbringer Schauet, schauet! Ich bin der Eure, Eure, Eure! Es ist mir geglückt, hier hinzukommen, ohne auf Misstrauische gestoßen zu sein, bis ... bis jetzt kann ich ungestraft Mensch sein. Ich vermag viel zu bewegen in meinem Hirn, auch Ihr habt doch Eure Hirne, so muss vorausgesetzt werden! Eugalla ist ein schönes Land mit schönen, reinen Gestalten, die man einbauen, eingraben ... kann. Und auf jedem Totenfelde werden sie sich prima machen! Das ist eine Absicht, die wir haben, die uns schon jetzt, ob anerkannt oder nicht, auszeichnet. Die Orden her! ... geht nicht, Verzeihung!

Die jetzt anwesenden Eugaller erinnern sich an die Germanen in einer Zeit, als Eugalla noch trübe vorschimmerte, ohne real werden zu können, - ein wahrhaftig schön gedachtes Eugalla mit Menschen, die Zukunft besitzen konnten - nun scheint sie tatsächlich verspielt zu sein. Es ist inzwischen in der Geschichte nämlich sehr viel geschehen, was negativ zu werten ist!

Diese früheren Germanen wohnten in Räumen, in welchen nun Eugaller wohnen. Das war ein anderes, friedfertiges Germanien ohne GerFAX und ähnliche Fehler der Weltgeschichte. Das andere, friedfertige Germanien wird heutzutage in vielen der Geschichtsbücher offen verklärt. Mancher der Eugaller von heute möchte ein Germane von damals sein, als es Eugalla gewiss noch nicht einmal als einen theoretischen Entwurf eines Staates oder einer Gesellschaftsordnung gab!

Auf SPRINGS LITE, diesen vielen Inseln, die sich aufgrund der Naturkatastrophen bildeten, muss es eben Menschen geben;

die Erde ist mit Lebewesen vollgestopft, die sich im Kampf um das Überleben gattungsgeschichtlich zu bewähren haben. Und die Eugaller werden auch ein bisschen träumen – bestimmt nicht zu kämpfen beabsichtigen, wo doch die Sonne noch am scheinen ist, so dass sich das Weiterleben lohnen könnte!

Glücksbringer hält kurz ein; Gilbertus äußert dann, den Kopf voller Fragen, misstrauisch geworden: Wir mögen weder Totenfelder noch Tote noch Felder. Äh. Wird es kommen wie eine Naturkatastrophe über die Germanen von damals? Wisst Ihr, Glücksbringer, wie es mit Euren Vorfahren war? Wisst Ihr's?

Glücksbringer Geschichtsunsinn, - habe ich noch nicht gehört! Es ist von unseren großen Historikern nicht geschrieben worden; was nicht geschrieben, ist nicht geschrieben, so kann es dies nicht geben, Punkt!

Gilbertus Das müssen Sie doch wissen, auch wenn es keiner niedergeschrieben hat!

Glücksbringer Ich verstehe Ihre Sprache jetzt wirklich nicht mehr, es muss ein ... fremder Dialekt sein! Wo sind unsere Truppen ...? **Dreht sich verängstigt hin- und her, als erwarte er Soldaten, die ihm helfen! Zelton und Gnadenbrötchen ziehen Klingen, bedrohen den Mann fröhlichen Sinnes und verschrecken ihn durchaus. Sie benutzen die Klingen, um die (Laken) Stadt zu zerschneiden. Dieses vermerkt der Glücksbringer zunächst noch nicht.**

Gilbertus Jetzt sollte ich Sie töten, Herr Vertreter der Germanen von den Inseln, die dort im Norden gelegen sind und wo die Feinde leben!

Glücksbringer Von Aufmarschplänen weiß ich, ehrlich, nun ganz genaues auch nicht zu vermelden!

Gilbertus Aha! Da haben wir's! Ein verschwätzter alter Depp mit Invasionsabsichten, die er nicht mehr wissen will, wenn es wichtig wird! Aber schwätzen!

Glücksbringer Persönlich habe ich gar keine Absichten; ich habe einen Reisepass, Herr ... .! **Er windet sich, fast möchte man hoffen, dass er sich in Widersprüche verwickelt. Vermerkt nun doch, das die Stadt vernichtet wird (Selbstvernichtung, klassisch)** Oh, was für eine Vernichtungsaktion!

Zelton Die Bewohner dieser Stadt werden nicht in die Hände der Germanen fallen. **Feststellend, während er kurz seine Schneiderei unterbricht, fährt danach vollmundig fort:** Um keinen Preis der Welt wird die Welt eine Welt wie die dieser Germanen - ob der von früher oder der von heute! Übel bleibt Übel. Veränderungen hat es keine gegeben, - keine Veränderungen möglich! **Weiter mit der Betätigung und summt und klatscht freudig zwischendurch. Gnadenbrötchen hüpft sogar noch dazu.**

Dann zieht Gilbertus aus seinem Bemerkungen-Schatz folgendes heraus: Theoretisch will ich nicht werden, menschlich jedoch! Menschen gehört die Erde. Erde spricht zu ihnen - Menschen sind gleichartig, glauben an nichts, aber müssen nicht sterben, weil einer über ihnen ist, der will, dass sie sterben. Wen kümmern die Totenfelderträume der Germanen, dieser Mörder aller Länder, Eroberer der Nacht? **Er sucht in seinen Taschen nach irgendwas. - In Glücksbringers Gesicht ist die Röte aufgestiegen, die vom Zorne kommt, dies, weil er sich bloßgestellt fühlt.**

Glücksbringer Es duftet dürftig nach was, ich kenne es nicht! Ist es der miese Dünkel selbstgerechter Eugaller? Bah. Warum zieren Sie sich so!? **Er richtet seine Kleidung. Lauter sprechend, gesetzt:** Zunichte gemacht alle Zukunft wäre, wäre ich nicht hier, denn wer da kommen muss, ist Retter, ist Schenkender des Gerechten, was Euch gefehlt hat!

Gilbertus Unbegrenzte Bewunderung dem Geiste der Germanen, ... er soll mit uns leiden! **Lauter als der andere.**

Glücksbringer Eugaller sind, scheint's, keine Belehrbaren, trotzdem sollten Sie mich anhören! **Richtet seine Kleidung. Noch lauter:** Als wir nach SPRINGS LITE mussten, zog unser Geist mit uns. Wir litten unter Missachtung und Schmach, denn auf Inseln geht es zuerst keinem gut, man fühlt sich isoliert und wie ein halber Mensch! Aber diese Inseln erzogen uns mit ihrem eigenen Geist und durchleuchteten den unsrigen ständig. Es stiegen Mythen in uns auf, bis vor die Klappen unserer Herzen, schließlich ließen sie die Mythen ein und machten Krach! Absonderungen bösartiger Absichten ermöglichten die Vermählung von Geist und Geist. Diese Mythen waren ohne Technik und so brav, in ihnen war Inhalt, der vordem nie von uns geahnt worden war! Ja, ... und so fühlten wir eine frische Brise Geist aufwehen. Gesichter leuchteten nun auf und Gefühle gefielen.

Gilbertus Alles schön und gut. Was denn noch, das sollen wir Euch glauben, die Ihr uns ... nun ... wie sagtet Ihr ... ? **Guckt unaufhörlich ungläubig, will sich von dem anderen loslösen, indem er ihn auch argumentativ ohne Verständnis und Glaube angeht.**

Glücksbringer Euch will keiner vermählen, nein, nein, ... nein!!! Dies zum Geiste ... wäre völlig dumm! **Er ist allmählich aufgebracht. Gnadenbrötchen und Zelton treten zu Gilbertus, um genauestens kritisch zu folgen, was Glücksbringer mitteilt.** *Weiter:* Es wird niemand Euch bringen und schenken können, was wir fühlen und denken! Es ist einzig in der Welt. Niemand von uns wird sich die Mühe machen, die Vulgata der Eugaller zu bessern, Eure Ethik auf den Stand zu bringen, den GerFAX besitzt; und was wir besitzen, geben wir nicht her! Sicherlich würden wir nur eigene Stände um den jeweiligen Höchststand bringen! *beendet er, bevor er fortfahren kann - - -*

Gnadenbrötchen Närrischer Rätselonkel, der ... auf die Inseln zurückziehen sollte; vielleicht ist sein Hubschrauber schon auf dem Hangar, ... ach, alles ist zerstört. Der Hangar auch. Zu blöde ... .

spricht er und seufzt so, dass es echt betroffen klingt. Sehr betroffen zu Zelton: Der Vertreter ist ohne Grund bei uns, ganz Eugalla wird ihn auslachen! Städte zu zerstören ist unser Hobby, nicht? Wir machen, was wir wollen! Ob da ein spezieller Anlass besteht oder auch nicht! Wen geht das was an?

Zelton Diese Germanen werden versuchen, uns untergehen zu lassen. Bestimmt! *sagt er lässig.* **Er klopft Gnadenbrötchen auf die Schultern und geht mit ihm von der Bühne nach rechts. Gilbertus und Glücksbringer schauen ihnen nach, dann Glücksbringer ----**

Glücksbringer: ... ich kenne von Euch eigentlich schon keinen Bewohner mehr. Schon jetzt sind die meisten tot oder ausgeflogen, als hätten sie die Seuche, zu viel Furcht vor ihr, oder ein feistes unübersichtliches Gemeuchel - ich bin Euer Glücksbringer, ... praktisch, neurotisch, erlaubt! Meine Befugnisse, von der höchsten Macht erduldet und mir übertragen, überragen, überragen. In meinem Hause, was ich gebaut, ist schon jeder kleinste, bescheidenste Gedanke an Reform unerlaubt, ...

Gilbertus Jetzt wieder so, Glücksbringer. Sie wissen nicht, wer Sie sind, was Sie wollen.

Glücksbringer Auch bei uns gibt es eine Hohe Macht, aber eine, die noch höher ist ... also ... die möglich ist und bei uns existiert, das ist die Höchste Macht. Höchstens die hat Macht u. a. über mich, - ansonsten sind wir frei!

Gilbertus Sprechen Sie nicht weiter, ich muss ... pissen, sonst werde ich mutlos ...

Gilbertus tanzt vor dem Glücksbringer, während allmählich das Licht schwindet; immer weiter tanzt er in ein Dunkel links hinten an der toten Stadt.

Gilbertus singt dazu: Sie, Glücksbringer, als der Vertreter eines Mischvolks,

Sie von dem, was man überall besingt, es hat den Traum des Reichs erlogen,

Sie von dem, und es bietet nun nichts als Zerstörung, lobend den eigenen Geist

Heuchelei und - wo befriedigt es seinen Vernichtungstrieb: bei uns, Eugallern, den Verarmten!?

GerFAX - bekotzt jeden Feind, und jeder ist sein Feind - sichert seine Grenzen ab,

führt jeden Feind bis vor sein Grab –

6.

<u>Erste Szene am „Denkmal für GerFAX"</u>
Glücksbringer, Demarco sowie der Bruder des Demarco: Kristian.
Es sind Wochen verstrichen. Eugalla ist noch nicht wesentlich
verändert, vieles hält sich im Ungewissen.
Die anwesenden Personen führen eine Unterhaltung an einem
Denkmal, was auf der Bühne, rechte Hälfte, steht.
Diesem ist ein weiter und breiter grüner Teppich unterlegt. Das
Denkmal stellt einen robusten, dem Gott Apoll ähnlichen Menschen
dar, der so wirkt, als müsste er gleich zu einem Hochsprung (Sport)
anlaufen. Diese Figur soll ganz wie eine aus Stein gehauene Figur
des Altertums aussehen. Ansonsten befindet sich kein Gegenstand
auf der Bühne. Das Licht ist grün und gedämpft.

-   -

Glücksbringer Nun habe ich mich vertreiben lassen von denen.

Demarco Wie wahr.

Glücksbringer Ich hätte bleiben sollen, meinen Mann stehen, ... überzeugen, wie es mein Auftrag war.

Demarco Die primitive Opportunität gebietet anderes.

Glücksbringer Ich hasse dies alles hier. Es ist nicht meine Heimat, nur die Ahnen ahnten hier ihre Welt zugrunde, bevor man sie vertrieb. Aus dem Osten in den mittleren Westen, aus dem mittleren Westen in den frischeren, nördlichen Norden, und nun ... . Ja. Nun. Nun hat man mich auch vertrieben. Euro Uns25 sollte angestrebt werden, nicht etwa ein GerFAX 2 oder eine Gefangennahme aller Menschen in Eugalla, dem Land derer, die uns, wie ich herausgefunden habe, eher verachten. Hass ergieße sich über meine Gefühle der Naivität! ... war so blöde, hierherzukommen!

Demarco Nehmen Sie es nicht allzu schwer, Echtwalz! **Sachlich.**

Glücksbringer Muss ich aber! Das Schicksal der Verbannung droht mir. Es soll mich schon erniedrigen, daran zu denken.

Demarco Nun gut, Sie sollten mir sagen, wie ich Ihnen helfen kann! Dafür bin ich gekommen. **Sachlich.**

Glücksbringer Reißt mir den Bauch auf ... !

Demarco Sie wollen, dass ich Sie umbringe? Dafür bin ich nicht geeignet. Kriminell ist derartiges. Rufen Sie die Polizei von Eugalla an, denn die wird Sie gerne liquidieren! Die machen es kurz und gründlich, ohne Aufsehen. **Sachlich.**

Glücksbringer Ich halte gar nichts von Polizei und Polizisten. Die haben damals schon meinen Ahnen Probleme bereitet. Viel Verrat war damals im Spiel; es ist überliefert! Verrätereien werden zu Legenden stilisiert, - man vergisst nichts aus den Zeiten der Flucht. Aus dem mittleren Westen in die Unwirtlichkeit und die Ungewissheit! Das war kein Pioniertreck nach Wildwest!

Demarco Fest steht, dass ich Sie nicht töten kann. **Sachlich.**

Glücksbringer Ach was, keine Umstände! Ich werde sonst von den Polizisten umgelegt, vielleicht werden sie meine Hände mit Kontaktgift berühren, infolgedessen der Tod in Sekunden eintritt. Ich will das aber nicht! Diese Menschen sollen mich nicht in einem Wald verscharren dürfen!

Demarco Verstehe. **Sachlich.**

Glücksbringer Überall ist es möglich. Es waltet die Gefahr. **Aufgebracht. Er blickt sich nervös um, sucht dann Deckung und springt zu Boden.**

Demarco Kalte 9-Millimeter-Schützen. **Laut. Sachlich.**

Glücksbringer Dies würde mir gefallen, mit denen würde ich es aufnehmen können. Ich habe für die Handfeuerwaffe ein Fingerchen. **Laut. Am Boden liegend.**

Demarco Falls ich Sie nicht umbringe, so werden Sie den Kampf mit Ihren Feinden suchen!

Glücksbringer Davon würde i c h dann später sprechen können. Neue Legenden könnten sich bilden! Ich könnte meinen Kindern dieselben überliefern lassen in Bomben, die ich bis rüber nach SPRINGS LITE spucke. Das geht!

Kristian Demarco, Bruder Du muss ihm nicht beibringen, wie man das macht!

Demarco Wie meinst Du das, Brüderchen? **Zu Kristian.**

Kristian Dieser große Vertreter der Germanen im Norden ist wirklich Spitze.

Demarco Sie sind Spitze? **Wieder Glücksbringer zugewandt; laut und leicht provokativ fragend.**

Glücksbringer Dies ist nicht das Thema. Ich hatte einen Auftrag, den ich, Versager der ich bin, verhauen habe.

Demarco Shit auch. Könnte Sie töten dafür, denn wir sind ja auch so fremd geblieben in diesem Eugalla, dem Land der Widerlichen.

Sie hatten es angenehmer als viele vor ihnen und haben wirklich fast alles kaputtgehen lassen! Eugalla war eine Hoffnung.

Glücksbringer Wie? Die Nachrichten flossen dünn und immer dünner.

Demarco Sie haben den Laden geschlossen, die Fenster zugenagelt!

Glücksbringer Was für Idioten, ... deshalb meldeten unsere Geheimdienste freien Zugang zu diesem Eugalla, welches sie schon lange erobert sehen wollen! Verschlossenheit bedeutet bei uns freie Verfügbarkeit, weil man Verwundbarkeit durch Verschlossenheit signalisiert. Wir haben Psychologen! Der Verwundbare kann verfügbar gemacht werden oder er ist es schon - jedenfalls für die, die ihn haben wollen!

Kristian Geistig ganz hell sind Sie, Vertreter der Germanen, doch ein gewisses Misstrauen bleibt.

Glücksbringer Unerheblich. Ich werde krepieren und eine Legende wird sich um mich ranken können.

Kristian Sie wollen nicht noch älter werden als Ihre 122 Lebensjahre?!

Glücksbringer Bitte! Nein! Verschonen Sie mich mit diesem Gedanken, der mich ... von mir selbst entfremdet, denn ich muss Unschuld spüren. Wer zu alt ist, ist überflüssig. Dessen Verwandte müssen bestrebt sein, ihm seine Überflüssigkeit vor Augen zu führen! ... damals war es umgekehrt.

Kristian Damals

Demarco Damals wohl! ... in Eugalla werden heute Menschen gar nicht so alt. Auf höchstem Niveau gehalten werden sie auch nicht. Weder moralisch noch medizinisch!

Kristian Gebürtige aus Eugalla sind wir beide, doch wir verachten es.

Demarco Sei still, Bruder! Es sollte nicht zu viel geredet werden!

Kristian Na, es gilt ihm, dem Glücksbringer Echtwalz, eine Haltung an zu erziehen, die ihn, den Vertreter von GerFAX, wie einen Mörder erscheinen lässt. Wollen Sie das nicht, Glücksbringer?

Glücksbringer Also: - ich bin kein Mörder und keiner, der es werden will!

Demarco Kristian, Du hast Dich verspekuliert! Es wird nichts fingiert, suggeriert, ... manipuliert ...

Glücksbringer Es gilt meine Annahme, dass ich leider wieder unter den Falschen bin! Vielleicht sollte ich mich weiter umsehen in Eugalla, möglicherweise kann ich doch noch den Boden für die Invasion meiner Germanen bereiten, Früchte säen, die die Opfer geringhalten, zum anderen jedoch viele gute Möglichkeiten eröffnen können!

7.

<u>Zweite Szene am Denkmal für GerFAX</u>
Die ganze Bühne wird von einem weichen gleißenden Licht erfasst,
- fokussiert wird das Denkmal, das immer noch auf der rechten
Seite der Bühne steht.
Strahl auf Strahl folgen nacheinander bei der Fokussierung.

-   -

Glücksbringer betet, vor dem Denkmal kriechend, dasselbe an: „Oh.
Jachus, Jolli, App Ab Apo Appeninnen." **Er hört auf, eine
Gleichgültigkeit des alles erfassenden Lichtscheins bleibt.
Anschließend kriecht er weiter - der grüne Teppich wird von
hinten weggezogen - dem Denkmal wird der Teppich „unter den
Füßen" weggezogen. Glücksbringer stößt einen Schrei des
Entsetzens aus. Das Denkmal zerbricht jetzt.
Vom Denkmal her ist ein Schrei eines Unbekannten zu hören;
Glücksbringer und Gnadenbrötchen, lustig und frivol tanzender
Wurm von Mensch, kosten das aus. Dieser Glücksbringer
Echtwalz ist ein Original von Mensch: sein Körper nimmt auf
einmal sichtbar an Volumen zu. Die beiden tanzen zusammen
ausgelassen auf der Bühne.**

Glücksbringer Dieses Eugalla ist Ziel und Ende, endendes
Endendes eines Endes und Endens am Ziel. *Gnadenbrötchen fällt
zustimmend ein:* Wie schön ist dieser reiche Gedanke. **Tanzen
weiter.**

Demarco Hierher bin ich jetzt gekommen, habe den guten Willen:
ich kille; dazu bin ich willens, jawohl: ich kille! Ich stehe vor Eugalla.
**Er ist gerade von rechts im Sauseschritt erschienen, steht bei
den beiden Vorherigen. Jetzt tanzt er wie sie. Und Zelton eilt
nun von rechts herbei.**

Zelton Alle waren blind. **Zelton geht zu Boden und krabbelt zu
dem zerstörten Denkmal, leckt die Füße und Hände des im**

Denkmal verkörperten Apoll. Dann äußert er: Es ist mir nie vorgekommen, dass ein Apoll aus Griechenland so viel Geschmack gehabt. **Gnadenbrötchen umringt tanzend Demarco, welcher stoppt. Unausgesetzt schüttelt sich dieser am ganzen Körper.**

Gnadenbrötchen Die Blindheit ist keine Schwäche der Dummen, sondern ... der Starken und Klugen, **so stellt er langsamer tanzend fest.** Die Eugaller sind nur Menschen, die sich klug glaubten, damit recht hatten, folglich nunmehr draufgehen, nachdem der Prozess mit dem Auftreten von Glücksbringer seinen vorläufigen Abschluss finden muss, wenn ich dieses Vorkommnis mit dem Denkmal recht interpretiere. Die Klugen denken, sie scheitern früher oder später. Stark können sie daher überhaupt nicht sein! Für diese Erkenntnis sind sie aber blind! **Nun endet sein Tanz. Wie total erneuert erstarrt er zum Apoll. ... die anderen hören mit dem Tanzen auf, stieren ihn erstaunt an.**

Mit feierlicher Stimme richtet Demarco eine Rede an die Anwesenden: War er, Gott Apoll, ein Diener, so waren wir seine Gebieter! Wir befahlen ihm den Dienst, und als Statue gefiel er mehr als zu seinen Lebzeiten! Endlos lang schien sein göttliches Leben zu sein. Unfassbar alles von ihm Austretende: das Gebräu, das auch nach Gift schmeckte; es waren auch die Nächte, in denen die Industrie feierlich stillstehen musste. Das alles wurde oftmals hingenommen, weil er uns ein Diener war.

Zwischenzeitlich geben die anderen kund: Wohlan, ... einer von uns ist am sprechen, man folge ihm - !

Demarco Statuen leben in Eugalla wie die Bewohner, deshalb ist jede bei uns lebende Statue ein Bewohner. Uns werden die Augen übergehen, wenn das Denkmal des Gottes Apoll geht - denn dann wird ein einziges Glücksgefühl aus dem jubilierenden Gnadenbrötchen sprechen. Aus ihm wird vielleicht auch ein Gott!? **Ironisch.**

Die anderen gemeinsam Apoll war Apoll, ... Gnadenbrötchen ist und bleibt unser gemeiner Gnadenbrötchen!

Demarco Apoll war für Eugalla ein durchaus liebreizender aufrecht Stehender, ein blasser und erstarrter - nahezu mit einer weißen Haut ausgestatteter, weitgehend haarloser Lebendiger, der leider nur noch mit Verzweiflung zu siegen vermochte, *während sich Demarco am Ohr kratzt,* als diese Statue hier blieb er seelenlos und ... finster, zu finster, um wirklich zu leben! Nun ist er umgestürzt, tot, woraus zwangsläufig folgt, dass aus ihm ein echtes menschliches Wesen geworden ist. Soll er als Mensch die Wirklichkeit des gesellschaftlichen Lebens voll auskosten, aber auch unter ihr bisweilen leiden, wie der Rest der Menschheit auch ... klar ...!

Die anderen gemeinsam All dies! All dies! **Demarco packt Glücksbringer, um ihn vor die Füße von Gnadenbrötchen zu werfen, woraufhin Gnadenbrötchen noch einmal zusammenzuckt. Er wird als der Nachfolger des Apoll grellweiß angestrahlt -**

Anonyme Stimme Ein stilvoller Anfang, ein stiller Anfang!!! **Kurz darauf.**

Glücksbringer, anschließend im dunklen Tone der sachlichsten Feststellung Was werden wir in Eugalla ballernd, erschallend, ballernd ... schaffen. **Er lässt seine Kinnlade fallen und schließt seine Augen; schluckt so stark, dass er sogar etwas zusammensackt; beendet dann sein sehr karges Mienenspiel abrupt, legt sich schnell auf den Boden - Gnadenbrötchen schwankt währenddessen ein wenig auf seinen Füßen. Glücksbringer legt sich auf den Rücken mit starren Augen.**

Demarco Mit ihm muss Eugalla ... wie ein Ast, der von einem Riesen abgeknickt. Darüber regt sich keiner auf. **Demarco schließt mit einem festen Schlag auf den Rücken des liegenden Glücksbringer den Satz ab.**

Demarco wieder Hier wieder Sicht! Eine klare Sicht ist nun gegeben! Schön eröffnet sich mir der Sinn von etwas, wenn er sich auch mit Sinnlichkeit bekleidet - was dann einiges im gedanklichen Zusammenhang bedeuten kann.

Glücksbringer All dies!!! Zelton? Wo? **Hat sich umgedreht zu Demarco, dabei eher flehentlich schauend.**

Zelton Hier! **Zelton ist allzu sorglos. Gleichmut mischt sich hinzu. Und Demarco setzt zur Flucht von der Bühne an, indem er plötzlich losrennt.**

Glücksbringer Man bringe mir einen Wein vom Besten, - ... ich könnte mich aufschwingen vor Freude angesichts des Sturzes des Apoll! Er war närrischer als ich, der ich hier meine Zeit verbringe mit anderen Narren! **Er ist aufgestanden, hat seine Fassung wiedergefunden; tritt zu Zelton vor.**

Zelton Hier. **Zwischen Ironie und Gleichmut völlig zerbrechend, stellt er sich stur.**

Glücksbringer Nicht jetzt schon wieder reden ... ! **Um das Eis zu brechen, will ein wiedererstarkter Glücksbringer kumpelhaft wirken.**

Zelton Hier! **Brachial schreiend.**

Glücksbringer Man könnte schändlich träumen von denen, die sich nach einem Sieg betend über Leichen ergehen, dabei träumen! Sie lassen einen hoffen, dass sie die Wahrhaftigkeit ihrer Gleichgültigkeit träumen könnten, wenn sie es wollten! Sehen Sie sie?

Zelton Nein, jedenfalls nicht als die Schatten, die sie unbedingt sein müssen!

Glücksbringer Sie haben keine Phantasie, Zelton! Oder doch? - Die sich über Leichen ergehen sind Menschen, die ich töte. Sie können bald nicht mehr gleichgültig sein.

Zelton Wissen Sie, Sie denken Gedanken, sprechen sie aus, die schlecht nachvollziehbar sind. Spinnen Sie? - Fakt ist, mein Heim liegt in Eugalla, das Sie nun besetzen werden, oder? Das interessiert mich jetzt aber! **Nachdrücklich. Klar.**

Glücksbringer Eugalla braucht keine Götzen wie dieses Gnadenbrötchen, wirklich nicht! - Und ob ich besetze oder nicht ... **Geistesabwesend. Gleichgültig.**

Zelton Ach ja!? **Ungläubig. Er wird unruhig angesichts der geistigen Eskapade des Glücksbringer.**

Glücksbringer Mir wird keiner widerstehen können! Traum reiht sich an Traum, Leiche an Leiche. Ein allgemeines wirtschaftliches und gesellschaftliches Wachstum wird eintreten.

Zelton Wie? Reden Sie zu mir? Sie spinnen doch wohl! - Sie werden keinen Anfang setzen, um freundliche Harmonie zwischen den Einwohnern Eugallas, einzuführen; es ist anders: es gilt Ihnen, das unbekannte Ungewisse zum System zu machen! **Erbost.**

Glücksbringer Die südlichen Grashalme werden die nördlichen Grashalme ersetzen und die Freundlichkeit erzeugen! **Glücksbringer spricht rätselhaft. Und Zelton schüttelt verständnislos den Kopf.**

Zelton Gleich müsste ich Sie eigentlich aus Hass ermorden, wenn da nicht Ihr Bodyguard wäre ... . **Sehr aggressiv. Der Bodyguard schwebt von oben herein auf die Bühne und setzt sich, lauernd und lächelnd, zwischen beide mit einem Hirtenstab aus rotlackiertem Plastik. Glücksbringer lacht in sich rein.**

Zelton Dieser Bodyguard beschützt bestimmt nicht jeden, ... nur jeden bedeutenden Mann, der reden kann, nämlich Politiker wie Sie! **Er schwingt böse lachend die Faust gegen beide.** Unsere und Ihre Geschichte ist eine grausame Narretei ohne logische und sinnvolle Begründungen bezüglich Vergeudung, Grausamkeit, Versuchung.

Bodyguard Ich glaube, dass mich eine Wespe gestochen hat. **Seine Augen blitzen wütend auf, da er sich umblickt. Gnadenbrötchen schwankt nun beträchtlich.**

Gnadenbrötchen stößt aus Ungleichmäßigkeiten in der praktischen administrativen Umsetzung der Finanzgesetzgebung durch das

Eugalla-Ministerium für Finanzen **Zelton und Glücksbringer sehen kurz zu Gnadenbrötchen herüber.**

Bodyguard Meine Biene, ... dort hinten ist sie, ... sie schaut süß, sieht honiggelb aus, ... schmeckt bestimmt lecker. **Bodyguard spielt mit seinen Muskeln.**

Zelton Dieser Mensch dort, ein Bodyguard - oder was er darstellen soll - hat gefälligst den Mund zu halten! **Zornig.**

Glücksbringer Die Freiheiten in Eugalla dürften ihn angesteckt haben. Er kann nicht wissen, dass sie ohnehin sehr bald verschwinden werden. **Zornig.**

Zelton Ich habe ja doch irgendwie gewusst, dass, wenn Sie nicht einschlafen, zumindest unser Eugalla sehr bald einschlafen wird!

Glücksbringer Sie werden es nicht neu gründen können, denn wir werden es nicht zulassen! **Sachlich.**

Zelton Ah. Warum sind Sie so sicher?

Glücksbringer Wo haben Sie die Menschen für diese Neugründung, ich sehe sie nicht?

Zelton Einschlafen bedeutet immerhin nicht automatisch, dass wir nichts bewegen können, was eine Neugründung zuließe, die Ihre GerFAX-Getreuen von Üblem abhielte.

8.

<u>Dritte Szene am Denkmal für GerFAX</u>
Von den Vorherigen sind noch Bodyguard und Glücksbringer hier;
trüb ist der Himmel, aufgezogen sind viele dunkel-bedrohliche
Wolken; verschwunden ist alle freundliche Stimmung. –

Die dunklen Wolken sind aus Watte, und so riesig, dass sie, jeweils
drei bis vier Meter breit und hoch, über der ganzen Bühne hängen
und wippen. Sie sind dunkelblau.
Der hier stehende Gnadenbrötchen hat zu wanken begonnen,
gegen ihn bläst ein stärker werdender Wind, der von rechts kommt.
Unten ist das Gras, ist auch ein Moosbelag, gewachsen, der bis zu
Gnadenbrötchens Kinn wächst. Es verteilt sich das Moos fast über
die gesamte Fläche der Bühne.

Gnadenbrötchen winkelt, als Glücksbringer von links vorne antrabt,
zur Begrüßung des Glücksbringer seinen Kopf in seiner Richtung
sehr komisch an, fährt danach ringsum alle Flächen mit seinen
kritischen Blicken ab.

-   -

All dies passiert rasch, es wird von dem kommenden Glücksbringer Echtwalz notiert, so dass dieser sagt: Alle Achtung, wach geworden! Die Polizei des Landes könnte seine Freude an ihm, dem irren Knäblein, ... haben. Jetzt ist es auch noch schlanker geworden! **Gleich darauf folgt sein Bodyguard mit offensichtlicher Arroganz, eine Pistole in der Hand, welche er baumeln lässt (rechts).**

Bodyguard Sie haben, so könnte man sagen ... Stil, Chef!

Glücksbringer Diese Statue hat einen, meinen Sie die?

Bodyguard Schwierig, ich weiß es nicht. Schwierig, ich weiß es nicht.

Glücksbringer He! Statue, Gott, ... oder auch ... äh ... Gnadenbrötchen! **Aufforderung richtet sich an die jetzt bedenklich wackelnde Statue, die nicht angebetet oder angepriesen wird.**

Statue (Denkmal) meldet: Keine besonderen Vorkommnisse, weil ich nicht mehr interessiere. Apoll fehlt doch. Er war es. **Wieder still. Erst einmal verhalten sich alle recht ruhig; Glücksbringer fummelt unzufrieden an einem mitgeschleppten großen Koffer herum, während sein Bodyguard ihm zuguckt.**

Auf einmal das Überraschendste - : Stadtgeräusche in konfusester Vielfalt! Die Stadt, diese hörbare, zu riechende Stadt mit ihren düsteren spätgermanischen Gemäuern existiert noch als ein Lebendiges. Und die Bewohner der Stadt? Man hört sie kommen - sie kommen langsam näher, doch dann entfernen sie sich wieder; rascher als beim Kommen. Wiederum, doch lauter und aufdringlicher als vordem, ertönen diese Stadtgeräusche. Sie sind brutal in ihrer Aufdringlichkeit!

NUN WIRD EIN PLAKAT MIT DEN KONTUREN DER TRÜMMER EINER STADT HERUNTERGELASSEN. Ein wildes Trommeln ist zu hören, es ist wohl die Zeit der vorzeitlichen Rückschritte. Aber wo bleibt GerFAX? –

Glücksbringer wird rege; stibitzt einen vergessenen Regenschirm von einer Truhe in der linken hinteren Ecke der Bühne, an der er auch noch herum schiebt, sie öffnet, schließlich zuhaut und abschließt. Stets bewegt sich nun der Bodyguard wie ein Wachhund apathisch hinter ihm. - Die Stadtgeräusche dröhnen beiden in den Ohren, sie halten sie sich zu; sogar Gnadenbrötchen tut dies.

Bodyguard Eleganz der Kleidung ... sehen Sie mal, wie diese Bürger herumstolzieren! Sieht nach hinten irgendwohin.

Glücksbringer Auch mein Kragen wurde ab und zu zuhause mal hochgeklappt, ...! - Diese Stadt ist eine, die neu gegründet wurde in meinem Auftrag. Verstanden? Aber man tat es nicht, um Rücksicht zu nehmen darauf, dass die Germanen kommen. Starrt ins Leere. Stolz zeigend, so dass sich der Bodyguard zum Staunen aufgefordert sieht.

Bodyguard Sind sie noch nicht gekommen? Sachlich. Desinteressiert guckend.

Glücksbringer Noch nicht, nicht so ungeduldig, - was geht dies einen Leibwächter an? Ich verstehe nicht, weshalb ich mit Ihnen überhaupt rede!

Bodyguard Entschuldigung. Es geht mich gar nichts an. Eugalla wird zerstört werden, doch vorher wird man es für die Zerstörung aufpäppeln wie eine Mastgans vor der Schlachtung, um Eindruck zu schinden!

Glücksbringer Manche Städte wurden zerstört, diese dort ... Eugalla als der gewaltige Stadtstaat ... wurde zerstört und schnell wiedererrichtet. Mehr als das! Eugalla wirkt heute so auf den Besucher, dass ihm gleich ihre ganze Größe und Pracht auffällt, was auf die völlige Neuerrichtung dieser Stadt vom Grunde aus hinweist. Bescheidenheit wurde und wird vermieden, ... wird vermieden werden müssen in Zukunft. Wollen wir eine Zukunft besitzen in Eugalla, in der Welt, so gibt es nur den ausgiebig praktizierten Perfektionismus. Es ist das Germanentum, was sich durch die Zeit elegant hindurchbewegt. Einzigartig. **Mit einer feierlichen Stimme.**

Bodyguard Jetzt werden wir noch die alten Römer ablösen, Chef.

Alle Stadtgeräusche brechen ab, ebenso die Trommeln. Allein das Konturenbild beherrscht optisch diese Szene.

Glücksbringer Und gehen zusammen in die Sauna nebenan, wie es die alten Römer auch taten. Diese hatten die Thermen. Wie schön doch alles sein kann! - Das Denkmal schläft ja schon. **Hinschauend zu der Statue, dem Denkmal für Deutschland, für GerFAX. Gnadenbrötchen ist verschnupft, mehrmals kurz vor dem Niesen, so auch jetzt.**

Gnadenbrötchen tritt zu Glücksbringer hin, fragt: Die Uhrzeit bitte, Eugalla ist heute und hier in einem Umbruch begriffen. Ich möchte wissen, wie lange es noch bis zu meiner Ablösung dauert. **Angewidert guckt Glücksbringer an ihm vorbei.**

Bodyguard Mal nachsehen! **Er geht zu Gnadenbrötchen, hält ihm die Uhr vor die Nase, welcher auf diese schaut.**

Gnadenbrötchen Mal nachgesehen, herzlichen Dank! Ich werde jetzt wegrennen! Danke! **Während er wegrennt, blickt er hektisch nach links und rechts.** *Ruft:* Alle Männer und Frauen wurden noch nicht abtransportiert!

Bodyguard Ich darf jetzt mal philosophieren: Man tut nicht immer, was man darf und kann und soll und muss, sondern das, was man eigentlich immer mal tun wollte, um endlich eine Bestätigung für seine eigene Befähigung, für seinen Mut zu erhalten. Jeder muss selbst wissen, was für ihn gut ist … **Ruft dies Gnadenbrötchen nach.**

Gnadenbrötchen hält an, bevor er die Bühne links hinten verlässt, fragt: Worauf kommt es an?

Bodyguard Es kommt auf die Vermeidung der Lüge an, die man sogar zu denken vermeidet, statt sie auch noch zu suchen und erklecklich produktiv zum eigenen Vorteil anzuwenden! **Er spricht rasant, mit bestechender Sachlichkeit.**

Gnadenbrötchen Wie, ich habe es nicht verstanden? **Noch eilig zurückrufend, bevor er ganz verschwindet.**

Demarco betritt die Bühne von vorne links, rennt auf den passiven Glücksbringer zu, um ihn anzugreifen. Der Bodyguard greift überraschenderweise nicht ein.

Demarco Als wäre ein Denkmal ein Denkmal, diese Statue eine normale Statue gewesen, haben Sie sie ziehen lassen. Es wäre nötig gewesen, sie festzuhalten! **brüllt er, rüttelt an dem eingeschüchterten Glücksbringer herum.**

Stimme des Gnadenbrötchen aus dem Off Götter leben länger, ja ganz lang. Und Götter dürfen es im Götterleben gut haben - Götter können Götter sein, ohne dass man sie für Menschen hält, aber ich bin einer. Ich bin innerlich zerrüttet. Ich kann Eugalla nicht mehr in Ruhe betrachten.

Demarco ... der ist's! Gnadenbrötchen, wo ... wo? Freund Gnadenbrötchen ist diese Statue, die mir heilig war, glaube ich heute! **Demarco wendet sich mal hierhin, mal dahin.**

Glücksbringer Ist ja gut, mein Lieber, regen Sie sich ab! **Beruhigt ihn, nachdem er ihn zurückgestoßen hat.**

Bodyguard Was für ein großer, stattlicher Mensch aus Eugalla, dem Land der Nichtse! **Ironisch. Die Stimme klingt hohl.**

Demarco Diese Sicherheit im Umgang, die sie haben, ist verdächtig geworden! Es ist mir, als wären Sie ein Spötter oder ein Spion, ein Verächter oder ein Rächer, --- nicht etwa ein Vertreter der Germanen! Ich habe nachgedacht! **Nun aber äußerst provokant gegen Glücksbringer und den Bodyguard.**

Bodyguard Sie sind mir aber heiter heute, mein Lieber! **Ironisch. Freundlich.**

Demarco Halten Sie mal Ihr ... sonst rufe ich Herrn Dunktus Tasche, den Freund aller Eugaller, der berät und hilft, ohne viel Bezahlung zu erwarten! **Mit drohender Stimme.**

Glücksbringer Dunktus Tasche, dass ich nicht lache!? Soll er doch kommen ... ich ... ich jedenfalls kann Erfolge aufweisen. Von denen muss ich in Eugalla nicht viel Aufhebens machen; Eugalla fordert ja auch in jeder Hinsicht ein sensibles und rücksichtsvolles Meinen und Wollen, Haben-Wollen. **Diplomatisch.**

Demarco Von diesen Erfolgen will keiner etwas auch nur gehört haben - ! Übrigens: Germanen sind Idioten! **Dreht sich nun von den beiden ab, damit die Absicht vortäuschend, ganz wegzugehen.**

Bodyguard Warum ist Demarco jetzt so feige? Eben noch wollte er sich prügeln mit uns. **Mürrisch. Starrt hoch.**

Demarco Feige, ich? Hier höre ich nur allerreinsten Schwachsinn, als wäre ich in einem fremden Land mit einer mir unverständlichen Sprache. **Mürrisch.**

Glücksbringer Wissen Sie nicht, Demarco, dass in Eugalla etwas durchgeführt wird, was „geniale Umwandlung eines Landes in einen Hort germanischer Freude" genannt wird? **Rätselhaft sprechend, dabei amüsiert blickend, so dass der Bodyguard sich bald den Bauch vor Lachen halten muss.**

Demarco Sie haben wie viele Ihrer Leute mit diesem Land Falsches vor. Was für ein Schwachsinn! ... es ist auf meiner Reise durch Eugalla von mir viel Dummheit, Narretei und vieles Negative mehr notiert worden. So weit ist es mit Eugalla schon gekommen.

Glücksbringer Sie müssen wissen, GerFAX benötigt Ungewissheit, um Eugalla organisatorisch optimiert vorzubereiten. Diese Phase ist wichtig. Und ... es sei hier erwähnt: Mal wird leider auch etwas zerstört, ... es ist so ... ja, es gelingt uns gewiss die Errichtung neuer Organisationen in Ungewissheit. Das ist keineswegs Schwachsinn! **Glücklich.**

Demarco Ich möchte wissen, warum Sie sich nicht offiziell an die staatlichen Autoritäten wenden, sich stattdessen mit einem wie mir abgeben, mit Tasche, mit allen möglichen mehr oder weniger kompetenten Personen, jedoch nicht mit politischen

Persönlichkeiten, die Entscheidungen fällen! **Eindringlich. Sehr interessiert.**

Glücksbringer Wie wahr! Wie wahr! Menschen können manchmal Fragen stellen, die klüger sind als sie selbst! **Ironisch. Laut und bestimmt.**

Demarco Da bin ich mir nicht sicher, dass ich mit dieser eine solche gestellt haben könnte! **Mit unsicherer Stimme.**

Glücksbringer Sagen Sie mir: warum werden Vertreter oder Abgesandte, egal wie man sie nennt, losgelassen von außen, einem anderen Staat, um in einem niedergehenden oder niedergegangenen etwas zu organisieren? **Gestelzt.**

Demarco Na, einfach um etwas zu organisieren. **Etwas wütend geworden, weil er sich verarscht fühlt.**

Glücksbringer Ja, schon. Aber es gibt Gründe. Keiner darf sie kennen! Damit das verhindert wird, muss der ganze Sachverhalt verdeckt werden. Täuschung steht auf dem Plan. Es ist so, ja ... Geheimpolitik findet statt. Keiner darf wissen, dass es Geheimpolitik gibt.

Demarco Ausgerechnet mir ... jetzt ... !? Stimmt doch wohl, Geheimnisse müssen gelüftet werden! **ruft er, etwas ängstlich, aus.**

Glücksbringer Sie ... ja Sie können viele Statuen errichten, Denkmäler, auch neue Politiker von Bedeutung auf die Bühne rufen - egal. Egal. Egal! Wir wissen, was wir wissen sollen, doch werden Sie nie wissen dürfen, was wir wissen. Geheimnisse gibt es offiziell nicht, kapiert? **Eindringlich.**

Demarco Ja, ja, ja. **Sehr schnell, furchtsam, hintereinander gesagt.**

Glücksbringer Eigentlich ... eigentlich müssen Sie sterben. **Betrübt.**

Demarco Sagen Sie nur, jetzt wäre ich fast nicht darauf gekommen! **Ängstlich, mit Ironie durchsetzt. Bodyguard nimmt sich des**

Demarco tätlich an. Er führt ihn, mit ihm in den Hintergrund abgehend, ab.

Glücksbringer So ein wissensdurstiger Bursche …; er hätte vielleicht ein bisschen rücksichtsvoller mit einem Vertreter von GerFAX, mit mir, kommunizieren sollen … denke ich …! **Lässig.**

Die Stadtgeräusche heben an, brechen ab, heben an. Jene Konturen der Stadt fallen nieder, dann wird von Glücksbringer Echtwalz ein neues Denkmal gesichtet.

9.

Liebhabereien werden plastisch und offen gekennzeichnet, weil versucht wird, die Freude am Spielen in dieses Stück zu bringen, ist doch das Leben bisweilen voller Freude.
Gewisse Liebhabereien stehen gegen den Untergang, wirken ihm entgegen, sind Haltepunkt und Strohhalm eines Individuums. Spiele der Lust, Lust der Spiele wirken auf Mädchen wie auf andere Menschen, auch solche, die sonst voller Ernst sind.
Und Glücksbringer Echtwalz, der Vertreter von GerFAX, ist ein ganzer Mann. Lebt er, und er lebt ja, so will er durchaus auch mal freudig spielen und möglichst viel Lust empfinden! Weil er hier und heute ein Lebendiger ist, wird er gerade darin sehr konkret.
Jetzt tritt er auf:

-   -

Glücksbringer Guten Morgen, meine lieben anmutigen Sorgen! **tönt er voll ironisch, als er langsamen Gehens auftritt, wobei er von dem Spot erfasst wird, der ihn selbst ganz hell, seine unmittelbare Bühnenumgebung aber dunkel belässt. Es sind dort keine Konturen erkennbar. Schwarz. Es ist nichts besonderes, wenn die Konturen einer Umgebung verschwunden sind. Gerade jetzt muss sich Glücksbringer gar nicht als ein Verantwortlicher fühlen.**

Glücksbringer Mir wird so zumute, als könnte ich die Welt endlich restlos begreifen, - vieles den Menschen beibringen, was sie nicht können. **Und da schnellt Gilbertus auf die Bühne, es ist, als wäre er von einer Welle hinaufgetragen worden, von links vorne.**

Gilbertus Das hatten wir in Eugalla noch nicht. - **Schnieft aufatmend. Glücksbringer beobachtet ihn, der zu ihm in den Lichtkegel getreten ist.** Gestern. Ich war leer. Aber das war wie so oft. Trotzdem fühlte ich ein Beginnen, ein allmähliches und eines, dem ich zutraute, mich anzuheben aus dem Schicksal unseres Landes. Ich! Ich! **Schnieft nochmals, diesmal noch stärker, doch ohne Aufatmen.** Mein Gefühl: würde es mich trügen, betrüben, belügen!? Dies fragte ich mich natürlich! ... verbinde ich mich allem, so erblicke ich die Zusammenhänge und mache jedermann für sie mitverantwortlich. **Klatscht in die Hände, drückt herzlich Glücksbringer, welcher nur verwirrt dreinblickt und zurücktritt.** Verbindung hergestellt - ... ich war geblieben, wie ich bin. Beginn! Fakt. Es wurde etwas aus mir, da ich den Betrieb mit all seinen Betriebsamkeiten betrat. Mein bedeutendes Gefühl wurde größer, während0ich mir selbst wie ein Größer-Werdender vorkam. Es war, als wäre es dieses spezielle Gefühl gewesen, was mich nicht nur antrieb, sondern in jeder Hinsicht bestätigte.

Glücksbringer Dies ist ein ironisierter Erweckungszustand, den Sie mir schildern! **Fährt ihn plötzlich an.**

Gilbertus Ach ja? Lassen Sie mich weiterreden, weg da! **Gilbertus tritt Glücksbringer mit seinem rechten Fuß ins Hinterteil.** Ich habe ein Schicksal, auch ich!

Glücksbringer Ein Schicksal, ach so!!! **Ironisch.**

Gilbertus Jawohl, mein Schicksal … ist ein schlechtes Schicksal: mir ging es ohne Zweifel unerhört schlecht! Ich hatte ein Vorstellungsgespräch. Ich hatte ein Vorstellungsgespräch.

Glücksbringer Ha, ha, ha! **Lacht Gilbertus aus, erhebt sich ironisch über Gilbertus.**

Gilbertus Jetzt hören Sie aber damit auf! **Verärgert.** Und das Gefühl, das negative Gefühl bezüglich des Schicksals vergrößerte sich immerfort; nun, hören Sie zu, Glücksbringer: …

Glücksbringer Höre zu! **Stellt sich demonstrativ vor Gilbertus auf.**

Gilbertus … vor der Verwaltung des Betriebes blieb ich stehen, wartete, betastete meine Unterlagen, schritt dann strebend weiter, blieb beim Portier stehen, welcher mich kritisch musterte. Augenscheinlich unterdrückte er ein böses Lächeln. Es schien, als würde es auch diesmal bei diesem bleiben! - Gefühle werden eben doch manchmal de facto bestätigt! **Er reißt seine Arme halb hoch und lächelt vor sich hin.**

Glücksbringer Mit einem Mal haben Sie es geschafft, Sie sind wer! Ein Mensch mit Job, oder? **Verdutzt.**

Damit hat Glücksbringer Gilbertus stark beeindruckt, der sich niederwirft und halb liegend verharrt, ohne ein Wort zu sagen. Glücksbringer schnellt seinerseits von der Bühne, um Lehnholzstühle zu holen, während ein Licht die gesamte Bühne beleuchtet. Geschäftige Stimmung kommt auf, die Nationalhymne von Eugalla wird intoniert. Die Stühle werden unmittelbar vor Gilbertus gestellt, der sich auf einen setzt und schweigt. Die Nationalhymne wird leise weitergespielt. Mehrere Tonfetzen eines klassischen griechischen Chorals werden rasch hintereinander angestimmt, aber sie brechen jeweils abgehackt ab.

Gilbertus Meine Bewerbung war erfolgreich, ohne dass mir jemand geholfen hat, und nunmehr kann ich, von Stolz erfüllt, sagen: toll!

Ich habe etwas! Ich bin ein Unvergleichlicher: Toll. **Er rutscht auf dem Stuhl hin- und her. Offen und herzlich wirkt sein Äußeres. Glücksbringer stellt sich vor ihm auf, um ein Gespräch zu führen.**

Gilbertus Sie können mir, meine lieben Mitmenschen, ... alle, auch der Glücksbringer, etwas anhängen, weil ich erfolgreich gewesen bin? – Nun ja, in unserem Jahrhundert sind die Plätze, wo einem zu arbeiten erlaubt wird selten, so dass man eher einen Tiger in seiner eigenen Küche antrifft, als auf dem Arbeitsmarkt einen gewöhnlichen Arbeitsplatz, der einem den Lebensunterhalt sichern kann. Wie soll es erst in tausend Jahren sein? **Sachlich. Zunehmend etwas deprimiert.**

Glücksbringer Sie sollten Ihren Staat neu gründen: aber dies habe ich Ihnen vermiest, wie? **Lacht.**

Gilbertus Ich hatte Eingebungen, insofern kann ich sagen, es ist besser, ... nicht als ein Staatsgründer zu fungieren, zumal die vielen Bewerber um die Posten, auf die es dabei ankommt, einem einen Streit nach dem anderen liefern!

Glücksbringer Manche Menschen fangen an, einen zu hassen, bloß wegen eines unschuldigen Gedankens der Veränderung. **Sachlich.**

Gilbertus Manche Menschen sind schlimmer als der Feind aus GerFAX, dem ich mit Zuversicht entgegensehe. Ich erwarte einige Fortschritte.

Glücksbringer Sie sollten aber nicht eine generelle wirtschaftliche und soziale Besserung von uns erwarten, Vorstufen zum allgemeinen Glückszustand, der zum Beispiel jedermann der Selbstsorge enthebt. Derartiges darf niemand erwarten! Unter unserer Herrschaft wird man leiden müssen! Es käme allerdings auf jeden einzelnen Menschen mit seinen verschiedenen Möglichkeiten an.

Gilbertus Dies ließe immerhin hoffen; an uns ist es auch, mitzuwirken an einem Aufbau des Landes, das heute so ziemlich im Elend liegt.

Glücksbringer Ich fürchte, dass es letztlich nicht klappen wird! **Lacht.**

Gilbertus Ich habe es geschafft, eine Bewerbung durchzuführen, die zu einer Anstellung geführt hat, also kann ich mich ab heute den mit einer staatlichen Neugründung verbundenen Aufgaben widmen.

Glücksbringer Wieso sprechen Sie eigentlich über dieses Thema mit mir? Ich bin doch keine amtliche Stelle Eugallas, bei der man sich ausheulen oder bestätigen lassen kann.

Gilbertus Ich glaube an Sie, Herr Glücksbringer Echtwalz. Auf Sie setzt Eugalla mit dem einen Gedanken: A u f b a u !

Glücksbringer Wundern Sie sich nicht, wenn ich Sie ausschelte, auslache ... wegwerfe! **Verärgert.**

Gilbertus Wie? **Ehrlich überrascht.**

Glücksbringer Um Sie kümmert sich ein Mann wie ich nicht! Verschwinden Sie augenblicklich! **Aufgebracht, mit Anflügen von Arroganz.**

Gilbertus Aber die ganze Ganzheit des einen Gedankens ...?

Glücksbringer Wir lassen Sie ... sagen wir mal ... abholen, wenn die wichtigen Funktionen der politischen Herrschaft von unseren Leuten besetzt worden sind. **Mit saftiger Ironie in der Stimme.**

Gilbertus Es lebe das Jahrhundert! **Feierlich.**

Glücksbringer Quatsch!

Sie lassen es sein, sich weiter zu unterhalten; verbleiben auf denselben Plätzen. Umgeben von Lichtkränzen, hören sie, dass sich mit ohrenbetäubendem Lärm ein Kulissen-Dreieck den Weg über die Bühne bahnt, in der Art, dass die vorigen drei Bühnen in Dreierformation automatisch angefahren kommen (von allen Seiten gleichzeitig). Die beiden Personen müssen ein wenig zur Seite weichen.

Auf diesem Kulissen-Dreieck sind Palastfassaden errichtet. Sie sind in einem künstlerischen Stilmix des 19. Jahrhunderts n.

Chr. gehalten. Jede Fassade ist von den anderen unterscheidbar. – Dunktus Tasche erscheint nun, die Kulissen platzieren sich noch, von unten, Mitte, auf der Bühne. Verhetzt wirkt Dunktus Tasche - erblickt die Sprechenden, stolpert zu ihnen.

Dunktus Tasche Erfahrungsgemäß werden Menschen 150 - 170 Jahre alt. Es werden sich Veränderungen in der Höhe des erreichbaren Menschenhöchstalters erreichen lassen. **Gilbertus geht auf ihn freudig zu, während Glücksbringer, sauer geworden, abgeht. Er hinterlässt keine Spur, außer einen langen schwarzen dicken Wollfaden, an dem entlang er sich von der Bühne tastet. LICHT ganz grell, aufregend widerwärtig hell! Gilbertus und Dunktus Tasche bewegen sich nach einer flüchtigen Umarmung auf die linke Drehbühne zu. Die Palastfassade hier ist rosenrot, und bunte Schleier wehen von vier Fensterbrüstungen herunter.**

Gilbertus Ich erwartete mal Hilfe von einem. **Er hockt auf einem Sandhaufen unmittelbar vor dem rechten der vier Fenster.**

Dunktus Tasche Nicht immer nur Internet-Sites usw., die einen langweilen ... . **Nimmt sich eine Flasche zur Brust während des weiteren Gesprächs; beugt sich zu Gilbertus herunter. Gnädig.**

LICHT wird teilweise abgeblendet.

Gilbertus Aber ja doch. Leben will man, leben und keinem vergeben, der einen um das bisschen Leben bringen möchte, was man hat. Und ich sehe GerFAX einzig als Bedrohung an.

Dunktus Tasche Aha, na ja. Etwas ganz anderes: Wie alt sind Sie, Gilbertus? **Desinteressiert am Gesagten des Gilbertus.**

Gilbertus Habe noch nicht nachgezählt. Mein Alter wurde offiziell noch nicht berechnet, daher sah ich mich auch nicht genötigt, selbst nachzuzählen, bekanntermaßen macht man das hier nur dann, wenn man die Ämter widerlegen will, um klarer im Recht zu stehen als sie. Oft ging's um Kopf und Kragen. **In dieser Sache, die ihm heilig ist, wird er ausführlicher, als ihm behagt.**

Dunktus Tasche In den Ämtern weiß man um die meisten Mängel, die es gibt. Vernunft wird heute großgeschrieben, sogar Weisheit hält Einzug in die Ämter. Während Jahrhunderten wurde geschlampt und wurden Gesetze verbogen, obwohl man äußerlich denen nachjagte, die sie doch noch besser befolgten als sie selbst.

Gilbertus Beschissen worden wäre ich vermutlich, wenn ich eine Altersberechnung beantragt hätte! Auf die ist heutzutage gar kein Verlass.

Dunktus Tasche Glücksbelogen wurden viele von Euch; ich bin schon so alt, das ich mein Lebensalter weiß. Auch wenn ich nicht als einer der privilegierten Weisen Eugallas gelte, bin ich doch weise genug; und mein Wissen hat Umfang und Güte. Ich könnte das Alter errechnen.

Gilbertus Nein, danke. Es ist mir nicht wichtig genug, kümmern wir uns um Eugalla, ... dieses ... wie ich es nenne ... dieses kuriose Vergehen! Dieses Vergehen gegen die Identität!

Dunktus Tasche Eugalla. Eugalla! Wir werden nicht alle unser Leben verlieren, - . Dies ist gewiss. Nicht alle! ----- Ich könnte mich auch ans Negative mehr, intensiver erinnern, als ans Positive. Aber ich bin in Sorge wegen des Gleichgewichts, meines daraus entstehenden alltäglichen seelischen Gleichgewichts. Empfindliche Störungen können daraus entstehen, dass man Bedrohungen so ernst nimmt, das sonst nichts mehr im Bewusstsein als Sorgenquell in Frage käme.

Die Palastfassade, vor der sie sich befinden, fällt vornüber. Sie bedeckt beide auf der Stelle.

Gilbertus Ich hätte mir denken können, dass es eine Falle ist! **Ruft empört laut aus. - Ist unter den Kartonteilen hervorgekrochen, wirkt ziemlich verdreckt, hat ein gerötetes, schmerzvolles Gesicht, hinkt nach vorne, während er sich mehrmals nach hinten nach Tasche umsieht. Extrem erregt legt er ein Glaubensbekenntnis ab:** Alle Menschen sind bösartig, und so eindeutig, dass es eine Schwäche ist, wenn sie genau dies nicht erkennen können!

Dunktus Tasche Was dieser Mensch wieder von sich gibt ... Ich hätte mir denken können, dass ich dem Gilbertus eine Falle gestellt habe, ... wäre ich dieser nur gewärtig gewesen, dann hätte ich mich und ihn vorgewarnt, aber nicht immer weiß ich, was ich tue. **Einfältig, leise. Stellt sich vor Gilbertus auf.**

Gilbertus Vor allen Menschen der Welt, auch den Germanen, bekenne ich, dass ich nicht so ein dickes Fell habe wie die, die böse sind! **Missmutig, leise.**

Dunktus Tasche Gut und gerne 15 Milliarden Menschen gibt es auf der Erde. Entwickelt sind fast alle, auch ihre Heimatländer auf allen Kontinenten, so dass bezüglich Versorgung, Fürsorge, Marktwirtschaft etc. vieles geregelt ist. Man bemüht sich also immerhin redlich ... **Verwirrt, leise. Dreht Gilbertus den Rücken zu.**

Gilbertus Was machen Sie denn, Tasche!?!? – Nun zu den Germanen aus GerFAX: denen auf den Inseln wird man Erfolg nicht absprechen können, sie waren erfolgreich, indem sie Nachbarn tyrannisierten und vernichteten - sehr clever! **Erhaben redend wie jemand, der viel zu wissen glaubt und noch mehr zu erkennen.** Es würden 50 Milliarden Menschen auf der Erde leben, wenn man nicht den Mars besiedelt hätte. Viele hat man ja zwecks Bevölkerungsreduzierung hingerichtet, viele meldeten sich dafür freiwillig, weil sie, u. a. in Indien, ihr Leben nicht ertrugen. **Lauter geworden, Schrecken erfasst ihn abrupt.**

Dunktus Tasche Reden Sie nur noch lauter, Gilbertus! Das ist ein Problemkomplex, den Sie angesprochen haben; jedenfalls überall herrscht der Tod. Eugalla sollte allerdings durchaus paradiesisch sein - jedenfalls werden können ... **Er ist entschlossen, nicht aufzugeben, auch wenn dieser Palast eingestürzt ist. Er schüttelt Gilbertus durch.** Was ist es nur, das uns dazu veranlasst, überhaupt noch leben zu wollen? Immer noch haben wir Überbevölkerung und Hunger weltweit zu ertragen. - Germanen kommen, Germanen gehen. Der Hunger ist, wie es scheint, ein ewiges Übel! Und in den Medien feiert man die Stars der

Scheinblüte der blödsinnigen Buntheit! **Gilbertus schüttelt ihn wieder ab.**

Gilbertus Übertrieben ist nichts von dem, was wir denken ---- ! Wie man's nimmt, im Vergleich zu korrupten mörderischen Systemen in Afrika ist Eugalla vielleicht was. Man täuscht uns nicht mehr; Versuche dazu würden kläglich scheitern, denn wir, Sie und ich, ... nehmen wir nur mal uns, können noch klarsichtig sein!? Oder? **Fest und ohne Zögern gesprochen.**

Dunktus Tasche Wir leben im 3. Jahrtausend nach Christi. Erleben wir das nächste noch, ich meine, die Menschheit, wenigstens auf anderen Planeten? Denke: Menschen wollen mindestens in erträglichen Verhältnissen existieren! **Leidenschaftlich.**

Gilbertus Was Menschen wollen und sind wird ihnen rasch gleichgültig, sobald sie vor Hunger nicht mehr denken können. Sie schlachten sich dann sogar gegenseitig ab, es wäre so wie bei Thomas Münzer - und dieser hatte noch Visionen. Die Visionslosigkeit ist am schlimmsten, diese geistige, um sich treibende Leere. Die ist schlimmer als jede Vernichtung, jeder Verfall. **Verzweifelt.**

Dunktus Tasche Sie ... Sie können jedenfalls nicht mehr klar denken, - vielleicht können politische Führer nichts mehr bewerkstelligen; Frage: gibt es sie in Eugalla überhaupt noch? Hungert Eugalla wie Afrika? Etwa, ohne das wir beide es wüssten? **Aufgebracht.**

Gilbertus Der Hunger macht jedes Lebendig-Sein zur Qual! In Eugalla? In Eugalla? **Unsicher. Betastet seinen eigenen Bauch und guckt verzweifelt.**

Dunktus Tasche Ich könnte jetzt ahnungsvoll feststellen: Wir haben keine Führer mehr. Welt, auch Eugalla, muss neuerdings ohne sie auskommen! Wer weiß davon? Wir --- wer? Gute Frage! **Sachlichkeit.**

Gilbertus Alle Menschen sind böse. Alle Menschen sind böse; die Führer insbesondere, denn sie sind verantwortlich für die Unruhe, die Unzufriedenheit, den Hunger und die Sinnlosigkeit.

Dunktus Tasche Jetzt übertreiben Sie ein wenig! Geführt zu werden ist eine gute Sache. Zu führen bedeutet grundsätzlich, dafür qualifiziert, geeignet zu sein. Unsere Führer hatten Qualitäten, doch wo sie jetzt sind, ist mir unerfindlich. **Gespielt ahnungsvoll - und er bewegt sich langsam von dem Schutt des Palastes fort.** Sie können jetzt, Gilbertus, in den folgenden Jahren mitkriegen, wohin es geführt hat, Führer gehabt zu haben, sie aber jetzt nicht mehr zu haben: ... nichts, bröckelnde und stürzende Fassaden. **Pausiert einen Moment, dann:** .. die Parlamente wurden auch noch aufgelöst, richtiger: zusammengeschrien von denen, die sie vertraten. Harte Sache! Dies ist 123 Jahre her, seitdem lebt Eugalla im Glück, könnte man sagen. Seine politischen Führer haben aber nach und nach genug von allem bekommen ...

Gilbertus Wo sie abgeblieben sind, kann ich nicht wissen. **Zurückgewonnene Sicherheit. Dunktus Tasche hat sich abgeregt, Gilbertus schaut sich um. Die anderen Palastfassaden stehen noch, wenngleich sie, als er sie wahrnimmt, in ein Halbdunkel gelegt werden.**

Dunktus Tasche Was oder wen sehen Sie sich an, Gilbertus? Da ist niemand. Sie brauchen nicht zu versuchen, flüchtige Personen davor zu warnen, ins Unglück zu rennen. Und dort sind bestimmt sowieso keine, auch keine flüchtigen Politiker und Staatsmänner, die sich vor der Verantwortung drücken. **Schnell sprechend; schichtet Trümmer aufeinander.**

Gilbertus Wie meinen Sie denn das? Politiker suche ich hier gewiss nicht. **Verwirrt.**

Dunktus Tasche Ein Großteil Eugallas ist wahrscheinlich auf der Flucht. Sie kennen wohl kaum Glücksbringer, der ein Pechbringer ist. **Sachlich.**

Die mittlere Drehbühne mit dem Palast hebt sich, leicht illuminiert, an. Andere: Halbdunkel.

Dunktus Tasche Was ist das? Werden wir einen Himmel kennenlernen, der es gut mit uns meint? **Aufmerksam gegen dieses Ereignis. Nun packt er Gilbertus und schubst ihn nach drüben auf diese Bühne.**

Gilbertus Danke dafür, dass Sie das mit mir getan haben! **Ironie**

Dunktus Tasche Danke? Ich bin engagiert darin, Menschen zu ihrem eigenen Besten zu belehren, wie Sie bemerkt haben sollten! **Sachlich.**

Gilbertus Für jede einzelne Belehrung möchte ich mich rückwirkend und im voraus herzlichst bedanken. Danke! **Wütend auf den wieder etwas dünkelhaften Tasche.**

Dunktus Tasche Menschen können nichts erreichen, so sie sich haben wie Sie, Gilbertus! Im Grunde könnten Sie, wie so viele, auch schon ein Verreckter sein, meinetwegen in Bengalen oder ... so, wo!? **Arrogant.**

Gilbertus Und Menschen wie Sie hätten sich schon vor Jahrhunderten mit Wissenschaftlern und Politikern zum Wohle der Menschheit konstruktiv verständigen müssen! **Belehrend.**

Dunktus Tasche Nun werden Sie nicht unverschämt, Sie können mich nicht einschätzen, Schnösel! **Voller Säuernis.**

Gilbertus Nahm geistigen Gleichklang zwischen uns an, - nun werde ich enttäuscht und nicht Sie. Anerkennen Sie das endlich einmal! **Wütend.** Menschen und Staaten bankrottieren heute immer wieder, Sie aber quatschen mit mir! Was soll das sein? --- Ich kann mir das leisten, bin nur ein Schnösel! **Zuletzt ironisch.**

Demarco schlufft von rechts her zur mittleren Drehbühne, die sich anfängt zu drehen. Hurtig springt er auf diese, ohne ein Wort zu sprechen. Der Palast zerlegt sich von selbst in ziemlich breite Strähnen, die nach unten abfallen. Dritter: weiterhin Halbdunkel!

Dunktus Tasche Guck' einer an, Demarco! Guten Tag. **Freut sich doch noch über etwas.**

10.

Demarco kommt auf keine Idee
Bühnenaufbau wie vorher.
Demarco, Gilbertus und Dunktus Tasche bewegen sich wie
Gelangweilte angesichts einer quälenden Ungewissheit.

Ihre Körperbewegungen sind wirklich sehr langsam!

-   -

Demarco Es ist mir was in den Sinn geraten, das mich stresst.

Gilbertus Was?

Demarco So einfach lässt sich das nicht passend verständlich
ausdrücken; ein Missverständnis wäre möglich, was ich nicht
riskiere!

Gilbertus Denken Sie an Weltveränderungen, Kontinente, die
aufwallen wie mehrfach geschürzte Lippen einer Frau?

Demarco Nein!

Gilbertus Was denn jetzt?

Demarco Meine nur, es geht Sie nichts an.

Gilbertus Menschenmöglichstes wäre mit Bravour zu schaffen, doch
das Gegenteil ist höllenschwierig! Wie macht man Menschen klar,
dass sie freiwillig sterben, wenn es bis jetzt nur Drittweltländer
schafften, Menschen dazu zu bringen, freiwillig hinzuscheiden?

Demarco Das meine ich keineswegs!! Sie sind auf dem Holzweg! ---
**Dunktus Tasche erscheint bei Demarco und prüft ihn mit
Blicken.**

**Alle Strähnen liegen zuunterst: untereinander, übereinander.
Zuoberst.**

Demarco Ich bin stur ... Und, glaube ich, ich verängstige meine Mitmenschen! Ach, was sind sie alle arm dran! Vergehe vor Mitleid. Aber ich staune tatsächlich: sie ängstigen sich, wenn ich vor sie trete ...

Dunktus Tasche Was für ein ... Politiker! **Provozierend gegen ihn.**

Demarco Ich bin kein Politiker, wie kommen Sie darauf, Sie närrischer alter Eselsknappe, Wissenschaftlicher ... was für einfältige Ideen haben Sie, wogegen meine Ideen glänzend sind, - nur sind sie mir noch nicht eingefallen, dass ich sie öffentlich zur allgemeinen Aufrüttelung mitteilen dürfte! **Betont geistreich tuend, indem er den Kopf in alle Himmelsrichtungen wiegt.**

Dunktus Tasche Ich glaube ... ich glaube ... mich tritt ein Narr vors Näschen, Puder her, Puder her! **Ironie. Fröhlich erregt.**

Gilbertus Sie sind beide zu oft zu stark erregbar, ich hingegen stehe und weiche nicht, selbst wenn mich dünkt, ich hätte eventuell etwas Errettendes oder Errettbares ersonnen! **Erhaben darbietend, was er denkt.**

Dunktus Tasche Schnauze. Schnauze. Man muss auch einmal ehrlich wirken. **Kummervoll.**

Gilbertus Ich bin's, so haben Sie denn richtig gelegen, Meister! **Gleichfalls kummervoll.**

Dunktus Tasche Zu Ihnen, Demarco, ... was Sie nicht sind, ist ein Messias, nicht mal ein uneigennütziger Mensch sind Sie ... verstanden? **Vorwurfsvoll sprechend, dann:** Im Grunde sind fast alle in Eugalla so mittelmäßig und gewöhnlich, dass man deswegen verzweifeln müsste; psychische Defekte sind häufig anzutreffen, was in der Tat ein Schrecken ist, wenn man bedenkt, dass Glücksbringer schon da ist. - Wann fährt er wieder, Gilbertus? **Nun zu Gilbertus hingewandt, welcher eine Leiter hochklettert, die mit ihm ins Leere umkippt.** Wann denn nun, Sie müssten doch auch wieder Kontakt halten?

Gilbertus Ich habe zu ihm gegenwärtig keinen Kontakt; Kontakte halte ich zwar aufrecht, aber zu oft knicken sie ab ins Nimmermehr, weshalb ich bekümmert bin! **Kommt sich von Dunktus Tasche bedroht vor, schreckt ein wenig zusammen.** Vielleicht könnte ich Glücksbringer mal ... ausquetschen. **Geht von der Bühne links ab.**

Dunktus Tasche Gilbertus, tun Sie das! Was sagen Sie nicht alles, ... wenn, erfinde ich mal so daher ..., so ein Komet erscheint und alles gefährdet scheint?! **Ruft er Gilbertus nach. Er schaut dem abgehenden Gilbertus auch noch nach, dem Unschuldigen, Aufrechten. Demarco hebt die Strähnen der Kulisse auf.**

Demarco Ich bin cool. **Cool. Arbeitet.**

Dunktus Tasche Na, immer noch an der Arbeit! Sehr schön, vorbildlich, irgendwie jedenfalls! Von Ihnen, Demarco, etwas mitzubekommen, ist mehr als eine frevlerische Schandtat jemals bedeuten könnte.

Demarco Was Sie nicht sagen ... **Schaut von der Arbeit auf.**

Dunktus Tasche Hören Sie zu!

Demarco Ja doch! **Schaut auf, Dunktus Tasche an.**

Dunktus Tasche Demarco, was schauen Sie so? Es ist die Trauer, die in diesem Lande fehlt, so darf ich feststellen. Eine schöne aggressiv machende Trauer, die aufgrund ihrer Absurdität sogar aufrütteln kann, also eine solche, die außerdem viele Menschen mit sich zu reißen vermag, weil diese Absurdität so leicht nachvollziehbar ist, ... enorm begeisternd, so dass die praktische Realisierung von diversen politischen Taten etwas wahrscheinlicher erscheint ... man bedenke, dass man ein reflektionsstarker Mensch sein muss, um dies voll zu begreifen, der jemand wie Sie, Demarco, wohl eher nicht ist. **Im Vortragsstil redend.**

Demarco Ich verängstige alle Menschen, haben Sie das noch nicht begriffen!? **Hört zu arbeiten auf. Eindringlich.**

Dunktus Tasche Es sollte einmal jemand, der viel politische Macht verliehen bekommen hat, ... Macht ... missbrauchen und dadurch Verbrechen verüben; diese deshalb durchführen, um Menschen das Aufgerüttelt-Sein einzuprägen, wie man früher mit einem Schwerte voranschritt, um Tatsachen zu schaffen! **Aber dann packt er**

Demarco, wirft ihn um. Der liegt darnieder, kratzt mit Tatzen wie eine Raubkatze am Boden. Brüllt. Schnell hat er sich wieder aufgerichtet.

Demarco Bewundere Sie, Herr Wissenschaftler! Aber meine persönliche Verfügbarkeit ist nicht gegeben. Festgestellt für immer, ... Wissenschaftlicher! **Sieht sehr gut erholt aus - arrogant.**

Dunktus Tasche Festgestellt ... nun ja ...! **Zweifelnd, dann aber entschieden fortfahrend:** Was wird, das wird. Wird ein Wirt einer, der ... wirklich auch wird? ... was für Quatsch! - In mir ist nichts und keiner mit Liebe zum Menschsein, mit dem ich als Wirt vielleicht Liebende unter meine Fittiche nehmen könnte.

Demarco Wie meinen Sie das? ... Glücksbringer, wo sind Sie, helfen Sie mir doch bitte! **Verwirrt blickend. Und läuft mit verschränkten Armen hinterm Rücken auf und ab, guckt dann grüblerisch auf Tasche, bis er vor diesem stehenbleibt.**

Demarco Sie werden hier gar nichts bereitstellen, lösen, bewirken können! Und Ihre Nachdenkereien sind Schelmereien eines gut betuchten Wissenschaftlers mit Pensionsberechtigung.

Dunktus Tasche Davon wüsste ich jetzt nichts zu berichten. Verstehen Sie richtig, da ist nicht nur eine vage Hoffnung. Wir brauchen Leute wie Sie, Demarco! **Auffordernd.**

LICHT wird herunter gedreht, bis Schwaden von Nebel die dritte Drehbühne entdeckbar machen. Sie dreht sich sehr schnell, zu schnell, um auf sie zu steigen. Diese Nebelschwaden verteilen sich auch im Zuschauerraum zunehmend. Zerfahren blicken Demarco und Dunktus Tasche um sich, dann auch auf diesen sich verbreitenden Nebel am Boden und in halber Höhe, auch an ihnen selbst. Die Palastkulisse ist mit fünf verschieden großen Fenstern versehen, die, wirr angeordnet, doch symmetrisch noch, sofort auffällig werden, wenn der Nebel vor sie geweht wird. LICHT wird aufgedreht, bald jedoch, als der Zuschauerraum von ihm geblendet worden ist, abgedreht. LICHT GEHT AUS. Dunktus Tasche redet sinnloses Zeug laut drauflos.

11.

<u>Demarco kommt auf eine Idee.</u>
Alle sind momentan abwesend - bis auf den von allen Hunden
gehetzten Demarco.

Die rechte Drehbühne dreht sich. Und: LICHT geht an (gleichmäßig
verteilt im Bühnenraum).
Demarco wird vom Licht allein erfasst. Die Nervosität verzerrt sein
Gesicht - düster schlendert er nun von links nach rechts auf der
rechten Drehbühne, die sich langsamer dreht als vorher. Sie wird
nun mit erfasst von dem Licht, doch alles sonst bleibt dunkel.
Die restliche Bühne und auch der Zuschauerraum sind in Dunkelheit
getaucht.
-   -

Demarco Möchte einen Steckbrief formulieren, den ich alsbald an
diesen Palast hängen werde, um zu beweisen, dass ich gesucht
werde, womit man noch prahlen muss in diesen Zeiten der
Gleichgültigkeit, denn keineswegs ist bisher jemand aufgerüttelt
worden. Es sind Jahre vergangen. Glücksbringer ist vor zwei Jahren
zurückgeschwommen, wozu er seine Arme und Beine benützte. Vor
Island soll er abgesoffen sein.

Glücksbringer Wer … ich etwa? Aha! Interessant. … er hielt sich
wohl selbst für einen objektiv urteilenden intelligenten jungen
Menschen. Zukunft ist aber Zukunft, somit äußerst ungewiss und
gefährlich – und dieses Eugalla ist nun einmal Eugalla, somit kurz
vor der Eroberung und möglichen Vernichtung. Unabsehbar ist sein,
äh … mein persönliches Schicksal, weshalb er eine Idee haben
muss, um zu überleben. **Herausgequetscht, doch noch deutlich
zu verstehen; hartes, langes Echo der Stimme. Die Gestalt des
Glücksbringer ist unsichtbar, nicht auf der Bühne.**

Demarco Hier ist er doch! Ich traue meinen Augen! **Sucht nach
Glücksbringer. Zaubert kurz danach von hinter seinem Rücken
einen gedruckten, ca. 1 mal 1 Meter großen Steckbrief mit**

seinem eigenen Konterfei hervor. **Marschiert vor dem Palast auf und ab.**

Glücksbringer Erobert wird in hundert Jahren oder fünfzig. Vielleicht ist es schon erobert, doch nicht von uns, den Germanen von GerFAX, denn ich habe abgeraten. **Selbstzufrieden sprechend, und:** Alle Personen in Eugalla wurden am leben gelassen, wir waren großmütig und ohne Blutdurst, was einmal gesagt werden muss!

Demarco Es wird mich einer kriegen, aber keine Frau und kein Beamter mit Haftbefehl, dies beides bestimmt nicht! Denn ich bin unschuldig und viel besser als sie, diese Mörder jeder Unschuld! **Überzeugt von sich und seinen Stärken sprechend, dann:** Hier ist der Steckbrief, ich hefte ihn endgültig an die Wand! **Stoppt, tut es nun. Danach schreitet er hinter diesen Palast, entschwindet somit vorerst.**

Glücksbringer Keiner kann ihm vorschreiben, wie er zu leben hat, aber weil er ein Unschuldiger ist, ist er verworfen hier, in Eugalla, schließlich hat sich dieses Land selbst in die Scheiße gefahren. Aber sicher. **Laut.**

Glücksbringer betritt in diesem Augenblick von rechts unten die Bühne in einem Gewande, was aussieht wie Plunder vom Flohmarkt. Ganz um seinen Körper ist es geworfen. In diesem schwebt er geradezu auf die Bühnenfläche und reibt sich die Oberschenkel ab, als er sie gekonnt entblößt. Dazu benutzt er ein rotes Taschentuch, was er unter dem Gewand hervorgezogen hat.

MERkere erscheint aus dem Hintergrund, als Glücksbringer seine Oberschenkel abreibt. Was er angezogen hat, ist ein feiner Zwirn. Er hat 25 Objektive für Fotoapparate umgehängt. Seine Brust und sein Unterkörper, auch sein Rücken, sind voll behängt mit ihnen.

MERkere Ich armer Fotograf! Was an finanziellen Mängeln mir so fehlt, alle Augenwinkel entlang, fehlt nur mir! – Da … ich sehe einen … einen Steckbrief. Und da ist noch ein Gewändler, ein Gewändler,

... ist er etwa ein Toter? **Er ist aufgeregt, als Glücksbringer sich vor diesen Palast setzt; als wollte er hier als Bettler verweilen.**

Glücksbringer Mein Gesicht kommt auch mir bekannt vor; besuchte Eugalla vor Jahren noch, ... Bester, Beliebtester!! **Schreiend.**

MERkere Den bilde ich ab, aber sofort! **Er geht in Stellung. Er drückt, doch kann er den Apparat nur vortäuschen, dafür hält er zwei Objektive aneinander.**

Glücksbringer Sie lumpiger Bildermacher, was machen Sie mit mir! **Echauffiert sich.**

MERkere Ein witziger alter Herr mit frecher Klappe! **Schießt und schießt. Fotos (Fotoabzüge aus Karton) springen zwischen den Objektiven heraus auf die Bühne, so dass sie von Glücksbringer aufgefangen werden können, der sie auch auffängt.**

Glücksbringer Mit mir hat man schon immer alles machen können. Ein Verlierer. **Schreiend.**

MERkere Ich schreie Dich jetzt auch an! DAAAAAAA! **Schreit schrecklicher als Glücksbringer. Tritt an Glücksbringers Ohr und schreit hinein: DAAAAAA!!! Glücksbringer schlägt ihm die Objektive aus der Hand.**

Glücksbringer Dem werde ich die Flötentöne beibringen! **Wutentbrannt.**

MERkere Was machen Sie da!? **Gleich darauf. Er tritt Glücksbringer mehrmals hintereinander mit den Füßen. Glücksbringer tritt natürlich zurück.**

MERkere hält Glücksbringer für einen originellen Bettler in Eugalla, als solchen für eines von wenigen Motiven für einen ausländischen Bildbeobachter.

Glücksbringer Von allen üblen Menschen sind die mit den Bildern die übelsten! Ich werde in dem Land meiner Feinde jeden anfeinden, der es verdient oder wenn es opportun ist. **Frontal den**

MERkere anbrüllend, wobei er aber am Boden sitzt. Der Fotograf steht feste vor ihm.

MERkere Blöder Penner! Der redet auch noch wie ein Akademiker, so blöde! **Er wirkt hochmütig, während er seine Objektive, die zu Boden gefallen sind, wieder einsammelt.**

Glücksbringer Menschen sind Menschen, egal, von woher sie kommen. Und jeder Bildermacher ist ein Saubold, ein Saubold, ein Unmensch! - Ich war berühmt. **Vortragsstil.**

MERkere So – Sie waren berühmt, … waren … Jetzt wird der auch noch ein Korinthenkacker! **Leiser. Bewegt sich von Glücksbringer fort, um Raum zu gewinnen.**

Glücksbringer Nirgends ist ein Verlierer noch sicher, der einmal recht tief gesunken ist. In GerFAX werde ich steckbrieflich gesucht. Sehen Sie mal dort, an der Wand, hängt der Steckbrief von Demarco, … **Kurze Pause.** Der hält sich für so wichtig, weil man öffentlich nach ihm auf der Suche ist - ich werde auch gesucht.

MERkere Wir sind in Eugalla, und ich bin aus Steffartsnahm in Asien. Es wurde erobert von GerFAX. Und Sie stammen von dort, wie Sie behaupten!? Ihre Nase ist aber nicht krumm! **Misstrauisch Glücksbringer beäugend.** Wie kommt's?

Glücksbringer Ihr Kenntnisstand bezüglich Eugalla und GerFAX ist gering, mäßig ist ihre Fähigkeit, mit mir offen und konstruktiv zu kommunizieren. Sprechen Sie doch mal deutlicher in meiner Sprache! Die ist fast wie die Eugallas! **Eindringlich fordernd.**

MERkere Warum sollte ich verständlich reden für einen wie Sie?

Glücksbringer Damit ich Sie verstehen kann. Klar? … wohl nicht … Ich führe jetzt aus: Eugalla ist ein verlorenes Land ohne jede Hoffnung. Es wird mir vermutlich nützen, dass ich kein Eugaller bin. Aber ich ärgere mich über das Pech, durch meine Vorgesetzten in SPRINGS LITE in GerFAX nach Eugalla verbannt worden zu sein.

MERkere Dieser Mensch spricht in höchsten Tönen von seiner Mission … oder was auch immer es ist. **Ironisch. Stellt sich mit dem Rücken zu Glücksbringer. Extrem ungläubig.**

Glücksbringer Wie? ... Sie Fotograf, gucken Sie sich nach geeigneteren Motiven um als ich eines bin, ... diesbezüglich wäre ich besser als Sie begabt! **Verletzend. Und MERkere huscht nach rechts fort, weil er begriffen hat, dass Glücksbringer jemand von Bedeutung ist.**

Mitternach, der jetzt auftritt, ist offensichtlich ein guter oder ein schlechter Mensch. LICHTERSIGNALE ZUCKEN BEI BEGINN SEINES AUFTRITTS DURCH DEN ZUSCHAUERRAUM; die gesamte Atmosphäre im Haus verdüstert sich, indem vielerlei verschiedene hektische Zuckungen des Lichts entstehen. Dieser Mitternach bringt viel in Unordnung. Ein Arschpriester ohne Zweifel oder Sorgen.

LICHTZUCKUNGEN BEENDET: Licht gleichmäßig im Bühnenraum.

Mitternach Ich bin durstig. **Sachliche Feststellung. Glücksbringer rennt vor Angst davon (rechts außen, dann unterhalb der Bühne entlang nach links rennend). Er liegt bald flach. Von Sänftenträgern soll er von dort weggetragen werden, doch die nun von rechts her Angekommenen, vier an der Zahl, verdrücken sich sofort wieder.**

Glücksbringer Ich lasse mich nicht zur Bequemlichkeit verführen! **Kratzt sich liegend seine Brust. Diese ist freigelegt, wie denn sein ganzer Oberkörper frei ist und viele dunkle Haare blühen. Er lacht. Dann entkleidet er sich, rasch aufgestanden, bis auf die Unterhose völlig. Nochmals lacht er, diesmal brechend und deutet an, dass er sich übergeben muss. Dazu kommt es nicht. Und sagt:** Es werden die Bettler in Eugalla an Zahl und Bedeutung zunehmen, wie denn auch die Bedeutung der Bedeutungslosigkeit noch viel viel viel ... viel mehr zunimmt.

Mitternach Bettler? Bedeutung? – Interessiert mich nicht. - Niemand kann mir was Negatives nachsagen: Ich bin jedenfalls Freiheit, ... besitze und genieße sie. **Wendet sich nach dem plötzlich sich umschauenden Glücksbringer um (rechts hinten, angestrahlt), der ihm freundlich zuwinkt, dann jedoch rasch verschwindet.**

Die Erde dreht sich. Ein Komet wird die Erde in ihrer gleichmäßig vollzogenen Umlaufbahn vermutlich diesmal doch treffen und beschädigen. Aber sie wird sich wohl weiterdrehen. Die Achse sitzt. Eugalla ist ein Land, in dem der Komet einschlagen könnte, noch ist es nicht berechnet. **Demarco ist neben ihm (hat sich links hinter dem Palast nach vorne geschlichen).**

Demarco Genau das hätte ich mal so vor zwei Jahren prophezeien sollen, dann hätte es einen Aufstand gegen die Herrschaft in Eugalla gegeben! Die Situation war brenzlig, man nahm an, GerFAX würde einmarschieren, doch es kam bekanntlich ganz anders. **Er mustert Mitternach aus den Augenwinkeln, tritt rechts neben ihn hin, seufzt mehrmals stark. Mitternach weicht sogleich von ihm; mit seiner rechten Hand entfernt Mitternach geschickt Schweiß von seiner Stirn.**

Mitternach Meine Freiheit schön und gut. Und was den Kometen anbetrifft ... nun ja ... ein Aufstand in Eugalla? Vielleicht. Verflucht, ich schwitze sehr, sehr; ... es macht mich fertig; viele Eugaller werden bald aufgrund der geographischen Auswirkungen, die überall in Eugalla von der Herrschaft technisch installiert worden sind, losschwitzen. Das wurde öffentlich bekannt gemacht, ich habe darüber gelesen. **Apathisch und sachlich.**

Demarco Ach was ... **Staunt.**

Mitternach Vielleicht mehrere Himmelskörper, wohl Sterne, werden Eugalla befallen ... treffen, hier aufprallen, wenn man sie nicht vorher abschießt mit Satellitenwaffensystemen, über welche Eugalla jedoch noch nicht ausreichend verfügen kann! **Apathisch. Wischt über seine ganze bloße Brust, lachend.**

Demarco Ich nahm an, es sei nur der eine Komet!? **Fragende Aufstellung, die zu einem ironischen Lauern wird.**

Mitternach Nun veräußern Sie sich nicht schon jetzt völlig --- ich bedaure Ihre Unkenntnisse in Bezug auf die Astronomie. Doch auch ich habe keine Kenntnisse, ach. **Nunmehr schon gelassener.**

Demarco Ich muss vermuten, dass Sie mich veräppeln! **Verärgert.**

Mitternach Mit mir werden Sie es schwer haben! **Lächelt fröhlich.**

Demarco Wie meinen Sie das? **Verdutzt.**

Mitternach Na, ... dieser Komet war vorhergesagt, --- der ist normal; falls er Eugalla zerstören sollte, na und!? Im Gegensatz dazu ist die Sache mit den Sternen viel bedenklicher zu nennen: die Sterne werden auf die Erde prallen, sie in den Raum stoßen. Und in der Folge hätte es die ganze Erde mal gegeben, niemand im Sonnensystem würde von ihr je gehört haben. **Lächelt. Überzeugt.**

Demarco Sie sind mir zu negativ! **Wieder zurückfindend zu seinem Selbstbewusstsein.**

Mitternach Bestimmt nicht! Die Sterne sind eine Gefahr für alle, die ganze Erdenzivilisation! Demut ist gefragt. Technische Intelligenz. Das Planen von geeigneten Maßnahmen. Aber Schweigsamkeit auch, ... Schweigen über das, was möglich ist. Denn sonst bricht die totale Panik aus. **Fordernd.**

Demarco Sie sind ein falscher Prophet! Einer, dem keiner trauen dürfte! **Gekünstelt.**

Mitternach Der Komet wird Teile der Erdoberfläche beschädigen, was ganz klar ist. Die Frage ist aber auch, wie viel von Eugalla zerstört werden wird. Und die Sterne werden alles vernichten, wenn man nichts gegen sie erfolgreich unternimmt.

Demarco Sie sprechen plastisch, ohne Rätsel; es kommt mir vor, als würden Sie es ernst meinen! Meinen Sie das Gesagte ernst, Sie? **Ruhig. Gekünstelt. Leicht verängstigt.**

Mitternach Und ob! Und, ich sage Ihnen, ... ich flüchte nie! Ich bin ein Wissender. **Schreiend, doch ohne jedes Anzeichen von Furcht.**

Demarco Allerhand. Vor was oder wem auch? He? ... ich wüsste es nicht. Denke, geistig sind Sie noch nicht umnachtet, doch Sie scheinen Anhänger irgendeiner Untergangsprophetie zu sein. Geht es Ihnen gut? **Laut redend. Er bewegt sich so, als wollte er gleich Mitternach mit Schritten und Armflattern beschnuppernd umgrenzen.**

Mitternach Mir geht es durchaus gut! Was soll das: Untergangsprophetie …? - Die Erde könnte ganz verschwinden. Das könnte in Monaten geschehen; Sterne wurden gesichtet und analysiert. Die größten Sternwarten haben ganze Arbeit geleistet. Das Schicksal Ihres Eugalla ist da eher als unwichtig zu bezeichnen, was auch Sie verstehen werden, oder? **Er zeigt sich jetzt ruhig.**

Demarco Eugalla ist nicht unwichtig. - Sie, Mitternach … Sie haben Mut. Das muss ich anerkennen. Mut auch dafür, derartiges zu durchdenken, was bei hoher Intelligenz eine gewisse Disziplin des Denkens erfordert. **Bewundernd.**

Mitternach Stimmt! Und wer sonst sollte es tun? Wissenschaftler sind Berufene, denen nichts anderes übrigbleibt. Weil ich ein solcher mal war, habe ich Kontakte, die mir diese Perspektive eröffnen, und Sie kommen nun in den Genuss der Information. **Sachlich.**

Demarco Komischerweise. Ich bin nur ein Niemand. **Sachlich.**

Mitternach Sie können über Dinge nachdenken, über die viele Kompetente keine Gelegenheit haben, nachzudenken, weil sie die Information nicht bekommen. Hätten sie diese Information, dann würden sie in Panik geraten, so steht zu befürchten! **Sachlich.**

Demarco Glaube ich nicht! **Ungläubig, denn er hält es für möglich, dass er veräppelt wird und Mitternach ein Scharlatan ist.**

Vorhang stürzt herunter!

12.

Mitternach im Universum
Sphärische Machtstimme: Wie oder wo, was ... wohin gehend
wannOHwann. Wieso? **Sehr laut.**

Es ATMET etwas an Mitternach vorüber - da er, als ein „Bettler vor
Gott" (wem auch immer), stehengeblieben ist.
Er steht mitten auf der Bühne. Die ganze Bühne ist ein ATMEN, sie
wölbt sich nach obenhin weg, danach nach unten, wieder und
wieder, ohne Unterlass. All dies ist verfolgbar mit Augen und Ohren.
Und Mitternach, der Stehengebliebene, lauscht mutig, denn allein
zum Lauschen gehört viel Mut. Er (- sich nun völlig verblüfft aber
ohne Angst umsehend, suchend, mit Blicken untersuchend, ein
wenig hilflos auch!) bückt sich öfters, um den Boden abzulauschen,
dann legt er sich hin, um eingehend, abwechselnd mit beiden
Ohren, zu lauschen!
Mitternach ist etwas überantwortet worden, doch er weiß nicht
genau was, - kann das durch die Stille seines eigenen Lauschens
ausdrücken. Es wird das LAUSCHEN ALS VORGANG dargestellt.
Körperlich kann er sich noch geräuscharm bewegen! Er trägt ein
Kleid einer mittelalterlichen Dame, staunt unentwegt dieses
Bühnenatmen an; in ihm ist die Zeit in Auflösung. Nur durch diese
Bühne kann er sich noch selbst erleben. Das Universum ist diese
Bühne geworden und umgekehrt. Als der einzige Mensch, der noch
einzig ist (dafür hält er sich jedenfalls), ist er Mittelpunkt.
Entdecktes, in ihm selbst Entdecktes, weiteres Entdeckbares, läuft
an ihm vorüber, wie man nun, BÜHNENHINTERGRUND
PLASTISCH-STERNENHAFT GANZ IN EIN
UNIVERSUMSCHWARZ getaucht, als Zuschauer zu erkennen hat.

Man sieht mehrere Sternfiguren in verschiedenen
Geschwindigkeiten schweben. Es sind Modelle zum laienhaft
leichthändigen Bau.   -

Mitternach So ein Scherz, mit ... mit mir getrieben! **Belustigt. Sieht
sich um, aber nimmt Glücksbringer nicht zur Kenntnis.**

Glücksbringer Glücklich der, der niemals lebt! Ich habe gelebt, so kann ich davon sprechen, wenngleich man mir es zuletzt, bevor es niederging, nicht abnehmen wollte. Eugalla gleich Scheiße! **Langsam errötend, wobei er zu fluchen beginnt.**

Mitternach Auch ich habe gelebt. Ich muss hier bleiben, ob ich will oder nicht. **Kurz in die Ferne blickend. Kurze Pause.** Es ist ein grauenvolles ... Eintöniges, als hätte es nie etwas außer Schwarz gegeben. Da stimmt etwas nicht, alle Astronomie sagt das Gegenteil aus, wo sind wir denn hier!? **Wütend.**

Glücksbringer Danke Mitternach, Herr mit Durchblick! So so! Ein Herr, gerade bei mir beim Atmen ... so so ... atmen Sie auch, Herr ... äh ...!?? **Fragehaltung ganz und gar, ironischer Unterton.** Jetzt bekomme ich keine Antwort, na ja, vielleicht bekomme ich morgen eine, falls wir noch im Universum sein sollten! Ehrlich, Herr ... äh, ich darf mir dies erhoffen.

Mitternach Was? **Lauter:** Was wollen Sie hier, ich will allein sein!

Glücksbringer Wie heißen Sie? **Stellt sich ihm unmittelbar gegenüber, sie starren einander in die Augen. Im umgebenden Schwarz blitzt hie und da ein Stern auf.**

Mitternach Was? **Verwirrt. Er schlendert umher.**

Glücksbringer Sie sind ein Zurückgebliebener, den man nicht mehr lieben, ... nicht anerkennen soll. **Sachlich. Er blickt Mitternach hinterher.**

Mitternach Alle Menschen hätten froh sein können! Mit Liebe ... ohne Liebe ... jetzt wissen sie vielleicht nicht einmal mehr, wo sie sind. Die Erde ist wohl fortgetrudelt, da völlig lustbesudelt! ... ha, ha ... ein Elendiges, ein Hässliches! **Ist plötzlich ganz ausgelassen, lacht. Stehengeblieben; hascht nach einem der Sterne; mehrere Sterne erlangen auf der Bühne Gestalt.** <u>Sich unterhaltend</u>**, speien sie Mitternach an.**

Mitternach Alle Menschen, alle ... ! **Ausgelassen rufend. Er wehrt die Sterne mit Händen und Füßen ab. Sie lachen mit hellen Stimmen laut auf.**

Glücksbringer Alle ... alle ... bemerkenswert. Das habe ich jetzt notiert! – Doch diesbezüglich darf ich als wiedereingesetzter Vertreter eines Landes nichts Verbindliches kund tun. Vor Jahren hätte ich Ihnen als ein Gescheiterter vielleicht offen Recht gegeben! **Etwas missmutig wendet er sich dem allerdings abweisenden Mitternach zu; dann der Gruppe der Sterne, um sie nach der Uhrzeit zu fragen.**

Glücksbringer Uhrzeit bitte! **Die Sterne antworten nicht und ziehen ab.**

Mitternach Ich gebe Ihnen kostenlos einen Rat, Bester: Spinnen Sie weiter, Bester, in einem Haus, in das dieses Universum nicht hineinpassen könnte! ... auch Sie sind ja allein, ... mit Geringwertigkeit, Bedeutungslosigkeit, Habenichtsigkeit! **Sentimental. Mitternach hascht vergeblich nach den Sternen. Das ermüdet ihn, sagt erschöpft:** Was für ein Tag! Ich weiß nicht, wofür ich arbeitete. Wozu das alles?

Glücksbringer Ich spinne hier und jetzt, und worin wir beide uns befinden, das ist das Universum; ich schätze, es ist das einzige, das es gibt. Wir sind übrigens Übriggebliebene, soweit ich es erkennen kann. **Versucht sich zu besinnen, nickt mehrmals hintereinander. Er rennt mitten auf die Bühne.** Universum, liebes, menschlich begriffenes Universum, ... bist der menschlichen Gesellschaft überdrüssig geworden; was Liebe, war Dunst; was Mensch, war nur Schwund und Schwindel! **Hänselt den gerade gestolperten Mitternach.**

Glücksbringer Wolken gibt es hier schon gar nicht mehr, Sie! **Belustigt**

Mitternach Was soll das, ... ? - Welche Menschen könnten jetzt noch froh sein können? **Verzweifelt wälzt er sich am Boden.**

Glücksbringer Fragen Sie was weniger Einfältiges! **Hochmutig. Schaut auf Mitternach herab. Mitternach wälzt sich vorerst weiter.**

Mitternach Ich frage, frage ... ich will, dass man den Frohsinn über mich stellt, weil ich mit ihm leben will. In diesem Universum gibt's keine Menschen mehr? Äh ... **Setzt sich jetzt auf. Blickt verwirrt.**

Glücksbringer Keiner existiert hier noch; man hat uns verlassen, es fragt sich aber, wohin! Es muss einen Weg gegeben haben. Wir haben nichts erfahren, so dass wir alleine dastehen. **Sachlich. Er beugt sich zu ihm hinunter.**

Mitternach ... unendlich-unentwegt ist das Universum mit und bei uns. Wahrhaft! Prächtig schwarz! Ich verstehe, was ich verstehe, denn meine Sinne unterliegen keiner Täuschung, schließlich habe ich eine wissenschaftliche Bildung, verdammich! **Ruhend im Raum; doch wird er von Sternen angerempelt, die nun die Bühne zu beherrschen versuchen.**

Glücksbringer Gucken Sie mich mal an! ... ja, so! Ich verstehe nichts, und das ist ein Zeichen meiner Klugheit, wogegen Sie ein Bildungsaufschneider sind, ... Jetzt wollen Sie von mir Wissen haben, weil Sie über unsere Lage entsetzt sind. Auch ich weiß so gut wie nichts! **Ironisch. Dreht nach seiner Äußerung Mitternach den Rücken zu und zieht ab. Begleitet wird er von zwei Sternen, die ihm eine Schleppe überlegen. Mitternach schließt die Augen, legt sich auf den Bauch und scheint zu schlafen.**

Mitternach Leiden. Ich muss ganz allein leiden. **Er ist unglücklich.**

Glücksbringer Menschen haben gelitten, aber sie haben eben nur gelitten, ... ; es scheint eine Katastrophe passiert zu sein. Ich glaube daran. An was sollte ich sonst glauben!? Nun leiden sie anderorts, und sie leiden ohne uns beide. **Vortragend. Dreht sich nach Mitternach um, als die zwei Sterne ihm nachkommen. Andächtig hören sie ihm zu.**

Mitternach Ich höre es! Ich höre es! **schreit er, mühsam richtet er sich auf.** Das ist doch zu abstrakt und unmenschlich gedacht; nun, ... ersinnen Sie sich doch eine faszinierend einfältige Abstraktion, ein abstraktes Bild zum Spielen und Mitspielen, damit Sie es können: leben, aber mit mir! **Direkt zu Glücksbringer und lautstark:** Das ist nicht mein Universum, dem ich etwas bedeute, so dass es mir hilft, ein abstraktes Bild zu ersinnen, denn alleine könnte ich das doch auch nicht, verdammich!?

Glücksbringer Sie könnten, ich nehme ... es auch an, ... alleine kein derartiges Bild ersinnen. **Er geht allein zu Mitternach.**

Mitternach Sie sind doch kein wissenschaftlich gebildeter Mensch! Seien Sie nicht so widerlich! **Die Sterne sind von der Bühne fort. Alles ist nun sternlos. Nur Schwärze umfängt beide Menschen grauenvoll, dann auch grollend, denn diese universelle Schwärze scheint an Tönen hinzuzugewinnen.**

Ein Neuer tritt hinzu: der Dramaturg des Universums.

Dramaturg des Universums Sie glauben, dass Sie Phantasie besitzen! ... ja ... ich habe eine. Aber kein Mensch hatte je Phantasie, sonst gäbe es die Menschen doch noch, verdaaaaamich! **Nähert sich jetzt aus dem Hintergrund, welcher sich schimmernd aufhellt. Viele kleine Drahtgitter erscheinen dort, vernetzt - und entsetzt werden sie von Glücksbringer und Mitternach angestarrt. Der Dramaturg richtet sich vor beiden herrisch auf.**

Glücksbringer Was soll das, sind Sie völlig einfältig ... total verrückt?! **Zum Dramaturgen, wobei er vor Angst die Frage schreit. Mitternach hingegen versucht sich abseits zu halten, hält seine Hände überm Kopf.**

Dramaturg des Universums Nichts bewegt hier noch, was Menschen je getan. **Pathetisch.**

Mitternach Was ist das für ein Wesen???? Aber ... interessant, philosophisch interessant! Das ... unser Universum hat Lücken, Eugalla ist in einer verschwunden, denke ich mal, ... ich könnte ihm ... dem da ... sofort nachspüren, ums o ... o - schauen Sie mal, ein Stern! Dort, ein Stern!! **Mitternach sieht aus, als wäre er gerade auf eine Idee gekommen; schreitet aufgeregt auf und ab. Danach versucht er die Drahtgitter zu berühren, doch es zischeln ihm Blitze entgegen. Verweilt schließlich nahe dem Bühnenboden, als würde er horchen.**

Dramaturg des Universums Eugalla, ich habe flüchtig von ihm gehört, ... ist der Menschen Werk, weshalb es fort ist ...

Glücksbringer Wer sind Sie? **Bezieht sich auf den Dramaturgen, der ungeheuer hämisch zu lachen anfängt.**

Dramaturg des Universums Ich bin der Dramaturg, auf dem dieses hier basiert. Sie stehen in meinem Schwarz! Das ist meines!

Glücksbringer Interessiert an Ihnen bin ich mächtig, Sie sind sehr prächtig! **Drückt eine gewisse Fröhlichkeit aus sich heraus. Er will den Dramaturgen betasten. Dieser gibt ihm eine Ohrfeige ins Gesicht, woraufhin Glücksbringer wankt und fällt. Vorerst wird er nicht beachtet.**

Mitternach Ich höre einen Menschen sprechen, der sich für einen Gott zu halten beliebt. **Sehr laut, wobei er sich an Glücksbringer und den Dramaturgen wendet.**

Dramaturg des Universums Mensch, ich ein Mensch? - Wir können nichts gegen diese Sternenpracht tun, das ist die Macht eines gewissen Herrn Gott-Gott-Gott! Er ward gepriesen, aber dann wollte man ihn wegniesen, so sah er sich gezwungen, einzugreifen!

Mitternach In der Lücke, ... dort, könnte Eugalla sein, Eugalla weist eine menschliche Bevölkerung auf, hatte sie jedenfalls so lange, bis ich plötzlich dieses Sternenmeer um mich herum verspürte, in mir tief, in mir tief ... schreckenerregend! Ich möchte dieses Gefühl keinem empfehlen! Sehen Sie doch, dort! **Weist mit allen Fingern nach rechts hinten, wo ein Stern vorüberschwebt.** Dort ist eine Lücke gewesen, gerade noch, jetzt aber ist dort ein verdammter Stern!

Dramaturg des Universums Ich befinde hiermit, dass Sie nicht im Bilde sind!

Mitternach Was haben Sie gesagt? **Sehr scharf.**

Dramaturg des Universums Was können Sie schon sehen?! **Ironisch. Er hat eine blutende Wunde, die er dann Mitternach zeigt, welcher, während er zu zittern anfängt, aufheult wie ein angestochenes Vieh:** AAAAAAiiiiiiiiiiii!

Dramaturg des Universums Schämen Sie sich, Mitternach, ich kenne Ihren Namen schon! **Scharf.**

Mitternach Von einem unbegreiflichen Phänomen lasse ich mich nicht belehren. **Verbittert. Scharf.**

Dramaturg des Universums Ich bin nicht der Demiurg, da ... da dürfen Sie sich nicht blenden lassen. **Das Drahtgitter verschwindet in einer Lichtwand, die den gesamten Hintergrund in der Fläche abdeckt und undurchsichtig macht vor grellem Lichterglanz. Mitternach zittert stärker, doch er zieht sich nicht von dem Dramaturgen zurück. Seinerseits glänzt nun dieser noch greller als der Hintergrund.**

Mitternach Belehrungen nehme ich nicht entgegen. **Verbittert.**

Dramaturg des Universums Keineswegs hatte ich vor, Sie zu blenden! Bitte, glauben Sie mir dies! ... dort, sehen Sie mal! **Weist mit seinem Finger nach oben über das Publikum im Zuschauerraum hinweg - Zuschauerraum mit voller Beleuchtung, während der Lichterglanz vorheriger Intensität nicht mehr ist.**

Mitternach Der Stern dort, vielleicht ... vielleicht ist das Eugalla! **Halbdunkel auf der Bühne. Die Überraschung bei Mitternach ist groß.**

Dramaturg des Universums Alle meine guten Geister haben dort ein Haus für sich einrichten dürfen. Mit meiner Fürbitte bei einem Schöpfer, den wir alle nicht zu kennen hofften ... um nicht enttäuscht zu sein!

Mitternach Aber, Dramaturg, ich sehe nur schwarze Tinte, die tropft und rinnt und läuft ... verdammich! **Mitternach guckt traurig (dann weg) und haut den Dramaturgen kumpelhaft an, der verständnisvoll tut und sagt:**

So lassen Sie sich auf Ihre Phantasie ein, mein Freund! **Mitternach freut sich kurz. Es ist ein gutes Gefühl aufgekommen, dem er nachhängen möchte. Am liebsten würde er nun spazieren gehen mit einem Sonnenschirm über sich und dem** nunmehrigen Freund, der sich im Universum bestens auszukennen scheint. Deswegen hat er auch einen Sonnenschirm über sich, und zwar einen, der am schweben ist.

LICHT IM BÜHNENRAUM AUS. HALBDUNKEL AUF DER BÜHNE.

Mitternach ... dort über mir, es ist eine perfekte Beschirmung gegen die unverständliche Undurchdringlichkeit, die uns umgibt - .

Dramaturg des Universums Sie haben keine Beschirmung! Ohne mich können Sie keinen Schirm, auch keinen gegen den normalen Regen, zugewiesen bekommen haben. Das ist unmöglich! Es herrscht eine Bürokratie des universellen Nichtbedientwerdens allerorts im Universum. Aber, lieber Freund, das können Sie ja noch nicht wissen!

Mitternach Lieber Freund Dramenmacher, ist es unwahr, dass ich einen Schirm über mir habe? So schauen Sie mal hin, anstatt ins Schwarze zu schauen und die möglicherweise vorüberglänzenden Sterne zu scheuen!

Dramaturg des Universums Ich habe Ihnen keinen Schirm, eben gar nichts, zuweisen lassen; ohne Zweifel ist dies der Fall. Einen anderen Fall kann es nicht, könnte es nicht geben - niemals, nirgendwo. **Aber der Schirm bleibt über Mitternach, schwebt sogar etwas wild umher; verlagert seine Position unregelmäßig über der Bühne und wieder zu Mitternach zurück.**

Mitternach Na, da muss ich wohl einer Täuschung erlegen sein, vermute ich nunmehr; ich trauere um meine Freiheit, beliebig erfreut Spaziergänge zu machen! In der sogenannten Freiheit des Universums ... unmöglich. **Nachgiebig geworden, gibt er sich keinen Ruck, gegen den Dramaturgen noch weiter in Opposition zu gehen. Er ist sich nicht mehr sicher. Beide sind sie mitten im Schwarz.**

Glücksbringer kommt wieder ins Spiel.

Glücksbringer Habe alles mit angehört! Wahrscheinlich ist im Universum jedermann verrückt geworden. Einen Gott gibt es nicht, auch keinen andersgearteten Schöpfer, nicht einmal mehr einen Mythos! Ich bin mit Ihnen hier und weiß nicht ein, noch aus. Uns wird keiner retten können. Nichts und keiner kann uns beistehen. Jetzt gilt's: suche man sich eine Lösung, möglichst eine technische Lösung, damit man Eugalla hinterher schweben kann. Eugalla ist dort, wo der Stern gerade eben gewesen ist. Mitternach, Sie haben richtig beobachtet! **Glücksbringers Aggressionsbereitschaft steigt an. Er stellt sich nun etwas abseits.**

Mitternach Mir ist nichts egal, woraus zu folgern ist, dass ich gerne gerettet werden möchte. Natürlich möchte ich hier nicht eine Wurzel in den Raum schlagen! **Spricht ein wenig hilflos auf den Dramaturgen ein.**

Dramaturg Wurzeln ... wie soll das gehen? Irgendwie sind Sie beide zur Komik verdammt! Sie verstehen die Kausalitäten nicht, es gibt nämlich keine, weil es absolut keine geben könnte. Weder fliegen Sie noch schweben Sie noch existieren Sie überhaupt! **Packt sich an seinen Knöcheln und schnuppert am Bühnenboden, unter dem ein Grollen hörbar wird. Aus dem Halbdunkel entspringt ein blitzartiges Aufgrellen der vielen Sternlichter. Wieder sind es Sterne, die nun aber am Bühnenboden kriechen.**

Mitternach Erblicken Sie die Sterne, wie sympathisch sie wirken, als gäbe es Humanität im Weltraum zwischen Sternen und Menschen ... Faszination, Illusion oder irgend ... was, was .... im Irgend. **Versucht ja gern, allem mit einem Satz auf den Grund zu gehen.**

Dramaturg Suchte man mich je? **Stimme hallt durch den Raum.**

Mitternach und Glücksbringer Zusammen lassen wir's erklingen, behaupten: nein!! Nein!! **Stimmen hallen durch den Raum.**

Dramaturg Wer bin ich nun, sagen Sie es mir!

Mitternach und Glücksbringer Der Dramaturg! Sie machen die Sterne leben und scheinen glücklich dadurch! Wir beneiden Sie und wollen nach Eugalla zurück.

Dramaturg Das ist mein Name. Aber sie müssen Weile haben. **Jene Sterne liegen platt mit Bodenhaftung.**

Mitternach und Glücksbringer Eugalla ist unser Land, in diesem hätten wir noch ein bürgerliches Leben vor uns. Gern hätten wir's!

Dramaturg Schön gesagt, Ihr beiden! - Eigentlich muss ich nur an mich denken, denn der Raum ist weltenweit und groß, voller Hirnlosigkeiten, menschenlos ebenso, doch vor allem ohne Sinn, weil leer. Sind das nicht die Voraussetzungen, um etwas beabsichtigen zu wollen? **Alles Licht mit einem letzten Aufgrellen auf - und schon zurückgedreht auf trist-milchiges Strahlen.**

Mitternach Woher soll ein armes Schwein das alles wissen, was Sie gerade mitgeteilt haben?

Glücksbringer Woher auch ich, ich ... bin nur der inoffizielle Vertreter von GerFAX in Eugalla - gewesen, gewesen, gewesen. Was ich hier und heute hier sollte, ist im Schwarz verborgen.

Dramaturg Weltenweit die Welten, artenviel die Arten, Sterne hier die kalten, Menschen nur zu verwalten. **Singt dies.**

Glücksbringer Ich beabsichtige jedenfalls nichts mehr, weiß gar nichts - wir bekennen uns zum Nichtwissen! Entsagen jeder menschlichen Anmaßung! Gibt es einen Schöpfergott, einen WERWEIßWARUM?

Dramaturg So weit sind Sie also mittlerweile doch schon mit Ihrer Weisheit - !

Mitternach Woher soll einer wissen, wo er steht und was er ist?

Dramaturg Nun ja, Sie haben die Grenze allen Erfahren-Könnens von Menschen längst überschritten und sind hier - bei mir.

Mitternach und Glücksbringer Ach ja. Doch ... doch. Unsere Sinne funktionieren tatsächlich noch, …

Dramaturg Doch.

Die Tristheit der Strahlen wird laut und schrill abgedreht. Körperliche Dehnungsübungen von Mitternach und Glücksbringer vollenden das Ausbleiben von Aufklärendem. Die Zeit ist nichts mehr; bedeutungslos hat sie sich keinem und nichts ergeben.

Dramaturg Ich schließe hier mit Worten, welche ich aufschließe: ... sowieso: Wort bleibt Wort, Leere bleibt Leere. Es gibt keine Auskehre! **Feierlich schallend; der Dramaturg wendet sich den anderen zu.**

Mitternach Auch ich weiß es. **Lachend.**

Glücksbringer Auch ich weiß es. **Stärker lachend.**

13.

Mitternach: über die Lücke.
Die Bühne wirkt aufgerissen und ... von ferne abgenutzt, doch
(LICHT:) ein Faden nach dem anderen überfliegt, hell und grell
strahlend, die Bühne von links nach rechts, was vorerst kein Ende
nimmt.
Quadratische Bauelemente haben sich, sichtlich im Raum
hängengeblieben, über die Fläche hin wie zufallsbestimmt
verbreitet. Farblos hängen sie dort, bewegen sich nur sanft und
richtungslos. Nur durch die Fäden wird Licht auf sie geworfen. Von
links und rechts schieben sich löchrige große Mauern zur Mitte der
Bühne, was diese Bauelemente ... nach und nach im Verlauf dieser
Szene einzwängen wird.

Des Universums einzelne Züge sind Züge der Offenheit, die
geschlossen sei.
Mancher hat sich darüber erbost gezeigt, dieses eben gar nicht
begreifend. –
Mitternach und Dramaturg sind nunmehr wie vorher, doch sie haben
sich vorne an der Bühne aufgestellt. Sie führen ein Kurzgespräch,
haben traurige Mienen aufgesetzt, die Wahrheit ausdeutbar
machen. Bisweilen richtet sich einer von ihnen ans Publikum:

-   -

Mitternach Ich wünsche mir, weiterhin ein Mensch zu bleiben, ... mir weiterhin gern die Hände zu reiben. Lebe gern. Habe meine Zahnlücken gezählt, bin heiter bis zum Weiterschweben-Müssen mit den Fäden dort oben. **Redet zum Publikum im Zuschauerraum.**

Dramaturg Was nicht geht, das schwebt hier oben; darunter verstehe ich, dass ich mich noch beherrschen kann, ohne den Herrschsüchtigen zu spielen, dies insofern, als ich Gerechtigkeit gegen keinen übe. **Es halten die Fäden kurz an, finden zueinander, verbinden sich zu Kreisen, gehen wieder auseinander.** Ein Planet ... **Der Dramaturg blickt sich um, fasziniert:** ... kann auch nicht gedreht werden, denn er ist am schweben! Nur so. Es ist dies unwahrscheinlich wenig für das Universum! **Jetzt schreitet er auf die Bühne; Mitternach folgt ihm auf der Stelle, dieser betastet neugierig einen der Planeten.**

Mitternach Sie sind ein Zartfühlender, doch Sie erklären überhaupt nichts, es ist ein Wortschwall ohne Sinn für mich! **Geht zu ihm hin und begutachtet den Dramaturgen auf seine körperliche Konstitution hin genauestens. Fügt mit fester Stimme hinzu:** Die Planeten liegen nicht, lieben auch genauso wenig! **Nun hat er es geschafft, des Dramaturgen Hinterteil zu begutachten. Erstaunt:** Oho!

Dramaturg Ich habe, wenn ich die Wahrheit sagen will, nichts zu sagen, und es ist so, als würde ich vor einem Tribunal stehen. Sie haben mich nicht, ... keiner hat mich etwas zu fragen! Keiner, keiner ... zu keiner Zeit! ... ein Mensch. Was sind schon Menschen! **Wirft sich an einen anderen Planeten, und dann sitzt er rittlings auf demselben. Er reitet.**

Mitternach Wahrscheinlich sind Sie hier deplatziert. **Das ruft Mitternach in dem Moment aus, als er wegläuft von ihm. Mitternach wirft sich anschließend an einen Planeten, um ihn zu küssen.** Werden Sie ein Mensch, vielleicht werden Sie ein Menschlicher dann und wann; wir können Sie dann einbauen in unseren menschlichen Verwertungsplan zum Zwecke des Bezweckens! Aber: Wohin ich, ... wir auch blicken, es sind keine Menschen als Steuerleute anwesend. **Nun reitet er auf seinem**

Planeten ähnlich wie der Dramaturg herum. Sie nähern einander mit den Planeten, küssen sich über diese hinweg auf den Mund.

Mitternach Küsschen, ... ein bisschen Liebe dazu! - Ein Zubrot zu verdienen mit dem bisschen Zärtlichkeit, was hier oben doch zu fehlen scheint, Dramenmacher!? **Als er ihn geküsst hat, wegreitend.**

Dramaturg Bezahle SIE bestimmt nicht, was fällt Ihnen ein!? Ich mache ... doch nicht, Schelm! Ich bin für die Dramaturgie zuständig, merken Sie das nicht? **Zum Vorderteil der Bühne reitend und euphorisch rufend.**

Mitternach Wie meinen? - Verkümmerte alles nur wegen uns, den versagenden Menschen, auch diesen Eugallern und allen anderen? **Nachdem er von seinem Planeten gestiegen ist.** Wir reiten auf Planeten, aber jagen unsere Eugaller ebenso?

Dramaturg Ihr seid nur Ihr selbst, was kümmerlich ist, viel zu wenig, um bestehen zu können. - Diesem Eugalla jagt gewisslich kein kluger Mensch nach, auch kein Dramaturg des Universums. **Er ist bis kurz vor den Stehenden geritten, sitzt dann plötzlich ab.** Gnade allen. Ich begnadige Sie ob Ihrer Zweifel! Sie schweben im Universum, aber Sie verdienen auch kein Welttheater auf der Erde. **Beide nehmen jetzt eine Diskutierhaltung ein, laut:**

Mitternach Begnadigen kann mich auch kein Gott. **Gelangweilt.**

Dramaturg Was ich zuletzt von mir gegeben habe, war nur ein Scherz: aber finden Sie heraus, warum Sie hier sind, Ihre Menschen woanders, und danach sehen wir weiter! Vielleicht lasse ich Sie ... ja Sie zurück auf Ihren verkommenen Planeten Erde! **Bemerkt, das es mit seinem eigenen Aufenthalt im Universum kritisch wird:** schön, schön, aua, es wird ... es ... kann nicht tangieren, doch es muss ... wie viel Zeit bekomme ich noch, Oberdramaturg?

Alle Wände auf der Bühne befinden sich bis auf einen Meter links und rechts von beiden, Mitternach und Dramaturg. Sie scheinen sie zusammenzudrücken.

Die Planeten werden nach oben hinaus gequetscht. Es werden befremdliche, zermürbende Klänge laut, die höchste Tonlagen erklimmen. Zwischendurch erklingt eine fröhliche Sopranstimme.

Mitternach Womit habe ich diese Verweil im Schwarz zwischen fremden Planeten verdient? Werde ich dort verweilen können, bis ich endlich sterbe? **Äußert er, als er über die linke Mauer, flüchtend, hinweg zu klettern sucht. Er müht sich nach Kräften, doch rutscht er mehrmals ab.** Ich bin doch kein Freikletterer! **Hat es aber dann geschafft und springt auf die andere Seite, entwischt den Blicken aller, auch denen des Dramaturgen. Dieser singt ein wenig mit der Sopranstimme.**

Dramaturg Wollen Sie mich nicht mitnehmen? Ich fühle mich allein, jetzt ... was wollt Ihr von mir? **Ruft er Mitternach nach, ist kurz davor, zwischen den Wänden zerdrückt zu werden und leidet sehr. Es entfahren ihm Schreie:** Ah! Was für ...ah! Was für ...ah!

Mitternach Hier bin ich, Schwächling, und Sie wollten der Dramaturg sein, ... !? Dabei bin ich cleverer als Sie, Sie Idiot, mengen Sie sich nicht mehr in Sachen, die Sie nichts angehen! **Mitternach schreit über seine Mauer hinweg und prüft herumschnüffelnd die ganze Gegend auf diesem hinteren Teil der Bühne. Ferner notiert er keine Aktionen des Dramaturgen mehr.** Der ... ist tot für mich.

Dramaturg Ich schiebe die Mauern jetzt zur Seite. **In Panik geraten, körperlich aktiv. Fortwährend ist er darauf aus, sich zu retten, doch von ihm, aber auch den Planeten, bleibt schließlich nur Quetschgemüse.**

Starr glänzen die Mauern, werden von allen Seiten mit schönstem Lichte bestrahlt. Und die Planeten sind jetzt so zerquetscht, dass sie schließlich von dem auf einmal enthusiastischen Mitternach, welcher mittels einer Leiter auf seine Mauer geklettert ist, weg geschoben werden.

Mitternach Mein Universum sorgt für eine Überraschung in meinem kleinen, lebensvollen Lebend-Leben. **Er spricht priesterhaft, hat Freude an seinem Schaffen, - wogegen:**

Dramaturg Ich habe überlebt. Auch ich! - Es ist Ihr eigenes Leben? Ich finde, Sie narren jeden. **Dieser hat keine Freude mehr.**

Mitternach Ganz fremd ist mir heute der Gedanke, einen Menschen oder einen Dramaturgen zum Narren zu halten. **Er guckt erst ein wenig betreten, doch dann tritt er die Mauern in die Brüche. Steht.**

Dramaturg Oberdramaturg? Wo ist er denn jetzt - ? Ich brauche seine Unterstützung. Herr Oberdramaturg, können Sie mal zu mir kommen? **Das ruft er ganz laut. In diesem Moment kommt aus dem Publikum der Oberdramaturg, eine massige Gestalt. Aus seinem Äußeren spricht nichts Wesentliches, er wirkt wie ein zu fett geratener Neuling auf der Bühne dieses Theaters. Von seinem Untergebenen wird er scheu in Augenschein genommen:**

Dramaturg Eine offizielle Begrüßung ist unter diesen unbequemen Umständen allerdings nicht sehr opportun, würde ich sagen, wobei ich mich sicher fühle, sagen zu können, dass ich glaube, dass auch Sie es nicht opportun fänden, wenn Sie an meiner Stelle wären! **Gestelzt sprechend. Seine Begrüßung grinst er dem Kommenden entgegen.**

Oberdramaturg Hier bin ich nun, ergehe mich im Raum und seinen Begriffen. Begriffen? Verstehen Sie, … Dramaturg? **Gibt ihm die Hand und lässt einige Seufzer spielerisch durch die Luft gleiten, das Schwarz wird von winzigen Lichtteilchen durchlöchert.**

Dramaturg Dieser dort, ein gewisser Mitternach, hat mich behindert! Wesentliches wurde vernachlässigt, ich fühle mich schuldig. Das ganze Universum wurde möglicherweise wegen dieses Menschen behindert. **Der Dramaturg zeigt mit dem Finger auf Mitternach. Jenes Licht umfängt Mitternach, der nur so bei den Trümmern der Mauern dasteht - verliert sich auch bei ihm, verschwindet.**

Oberdramaturg Mitternach, ein Mitternach – ist ja interessant, oder auch nicht. Ich muss nachdenken: Die Begriffe, die ich habe, über welche ich selbstverständlich verfüge, entbehren der lügnerischen Gefühle von Menschen, folglich muss ich Menschen verachten und ausspannen aus dem universellen Ineinander. **Deklamierend.**

Dramaturg Ähnliches wollte ich auch erklären, ... **Macht eine ausfahrende Gebärde der gewissenlosen Gewissheit.**

Oberdramaturg Holen Sie ihn, diesen Mitternach, zu mir! **Befehlston.**

Dramaturg Holen? Dies würde ihn innerlich beschädigen; ich kann keinen Menschen auf Ihr Geheiß transportieren! **Wie betäubt.**

Oberdramaturg Holen Sie einen Beliebigen anstelle seiner, damit würde es auch getan sein! **Befehlston, doch schon verschärft.**

Dramaturg Die Erdenbewohner sind, auch diese idiotischen Eugaller, irgendwohin, - keiner konnte auf meine Anfragen hin mitteilen, wohin. Ich könnte keinen mehr finden. **Recht hilflos aussehend.**

Oberdramaturg Ich werde Sie vor den Hof der Millionen Sternlein zerren lassen! Was sind Sie für ein stupender Hilfsmensch! Ich könnte Sie verfluchen! **Wutentbrannt. Er wirft dem Dramaturgen verächtliche Blicke zu, wonach er den stehenden Mitternach über Mauertrümmer hinweg fixiert.**

Dramaturg Aber ... sie, diese Erdenbewohner, sind durch die Lücke, ... es hat jemand eine Lücke gelassen! Dort ist Eugalla und der Planet Erde ist dort ebenfalls! Glaube ich.

Mitternach Sie sind Komiker! Beide sind sie Komiker, aber doch erfolglose Komiker, ...! **Jetzt heiter, und er stolziert über Trümmer hinweg auf den Oberdramaturgen zu.**

Oberdramaturg He Sie! Bleiben Sie dort! Ist er, Mitternach, dieser Mensch jetzt doch noch? **Erbost erst gegen Mitternach, dann aggressiv gegen den Dramaturgen gerichtet, der zurückschreckt und Anstalten macht, vor seinem Vorgesetzten zu fliehen.**

Mitternach Ich darf Sie auch begrüßenswert finden, ... wie gefalle ich Ihnen? **Mit der ausgestreckten Hand zum Gruße ist vor dem Oberdramaturgen angekommen. Fröhlich erdreistet er sich, diesem Wesen sein volles rotes Gesichtlein entgegenzuhalten. Der Dramaturg schleicht sich zunächst.**

Oberdramaturg Sie sind ein Mensch. **Kalt und sachlich sprechend.** Sie haben sich in diesem Universum bis jetzt wohl nicht zurechtgefunden ohne diese Erde?

Mitternach Hierauf möchte ich keine Antwort geben, aber, wie Sie merken, bin ich nicht gestorben. Universum hält mich lebendig, offensichtlich lebendiger als auf der Erde, wo ich ein Scheißdreck war! **Mitternach redet mit Stolz in der Stimme. Der Dramaturg setzt sich nun neben Mitternach auf Trümmer.**

Oberdramaturg Mitternach, Sie wissen, dass Ihre Menschen durch die Lücke sind? **Mit dem Versuch, sich einzufühlen und verständnisvoll zu wirken, redet er langsam.**

Mitternach Ich vermutete es. Wenn Sie es für sicher halten ... **Hoffnungsvoll.**

Oberdramaturg ... für ganz sicher! **Ihn unterbrechend.**

Mitternach Mein Ziel ist es ohne Frage, ihnen zu folgen. Den Weg kenne ich nicht.

Dramaturg Herr Oberdramaturg, hören Sie, ich erbitte nunmehr Ihre Hilfsmaßnahme zu meiner Errettung aus den Mauern, die da sind. **Einwerfend ins Gespräch.**

Oberdramaturg Unterbrechen Sie mich bitte nicht, Sie sind jetzt nicht die Frage! **Verärgert sich gegen den Dramaturgen wendend, welcher wieder aufsteht und unruhig herumschleicht.**

Mitternach Sie können mir helfen, Herr Oberdramaturg? Mann um Mann, ... in den Räumen, wo man träumt!

Oberdramaturg Lassen Sie mich mitteilen, wir brauchen Besatzungen für unsere Raumschiffe. Für eines dieser Raumschiffe können wir einen Menschen wie Sie gut gebrauchen, ... da kann ich

Ihnen Hoffnung machen. Näheres erfahren Sie unter der Chiffre 1937357. Ticken Sie los! **Hoffnungsvoll.**

Mitternach Ich komme so durch die Lücke, verdammich!? **Noch ein wenig am zweifeln, doch er hebt seine Stimme an, als wollte er losfahren.**

Oberdramaturg Darauf ist Verlass! Sie müssen sogar durch die Lücke, es ist die einzige, die zugelassen worden ist. Das Universum unterliegt der sphärischen Notverwaltung und ist perfekt organisiert. Hierüber gibt es nämlich keine Zweifel. Es kämpft keiner hier. Trotzdem ist es enorm riesig und eingestaltig. Schauen Sie sich die Planeten an, wie sie schweben ... ! **Guckt sich heiter um, schon blinken und blitzen die Sterne.**

Mitternach Könnte sogleich rein springen. **Äußerst angespannt vor froher Erwartung, hopst er auf den Trümmern umher. Schon werden aus Sternen nächste Planeten und schwirren ziellos um die drei Personen. Die Planeten sind aber fragil, manche werden von dem Oberdramaturgen weggeschlagen, worauf sie niederfallen.**

Oberdramaturg Springen Sie doch später! Ich werde Sie vormerken lassen, die ... die Liste ist noch nicht abgeschlossen, auch diese verdammte Lücke nicht, ... ich gebe Ihnen mein feierliches Versprechen!

Mitternach Also muss ich vorgemerkt werden?

Oberdramaturg Ja, ganz leicht ist es auch nicht, Verwaltung ist Verwaltung. - **Mitternach geht in sich; denkt nach; betastet sich; setzt sich auf und nieder, doch ganz besinnlich-gelassen. - Der Dramaturg jagt währenddessen den schwirrenden Planeten hinterher, zischelt und greift nach ihnen ganz fidel.**

Dramaturg Ich bin doch kein Mensch! **Jubelt er dann ausgelassen.**

Oberdramaturg Dramaturg, Sie ... schweben Sie mit diesem lächerlichen Gewürm zu diesem Erdendings, lachen Sie darüber, narren Sie sich selbst, damit Sie es, sich selbst prüfend, schaffen können! **Befehlston. Nah beim Dramaturgen stehend.**

Dramaturg Womit hat einer das verdient, die Lücke ist geschlossen! **Mit einem Planeten in Händen, den er trägt.**

Oberdramaturg Ich lüge angelegentlich aus Opportunitätsgründen.

Dramaturg Trotzdem fahren? Wie? Wir fahren doch ins Unendliche der Hoffnungslosigkeit ohne die offene Lücke? **Er ist enttäuscht.**

Oberdramaturg Keine Lücke kann im Universum ... offen oder geschlossen bleiben, so ich sie verwalte wie ein Gott. **Er redet voll der Erhabenheit.**

Dramaturg Was denn? Offen oder was ... wie? **Er ist erbost, weil er hier Verhöhnung wähnt.**

Oberdramaturg Menschen werden ohne Menschen herumtreiben. Ich veranlasste es. Und so soll es bleiben. **Er stiert vor sich hin. Planeten schweben langsam, jeder einzeln beleuchtet, von der Bühne; schwache Beleuchtung der Bühne! Der Oberdramaturg wird stärker angeleuchtet.**

Dramaturg Jetzt fangen Sie aber an, ... sich ... **Er guckt nach Mitternach, der auf Trümmern liegend sinniert, nichts wahrnimmt außer seinen Gedanken.** ... zu widersprechen und dummes Zeug zu reden!

Nun sind da Sternbilder in der Ferne der Nacht, diesem Schwarz, was Universum sein soll.

Ende des Stücks **Eugalla**